KB054376

님께

드림

위기에서 희망으로 건너가는

7개의
징검다리

위기에서 희망으로 건너가는

7개의 징검다리

선준호 지음

MIRAE
BOOK

머리말
더욱 힘을 내고 지혜를 모읍시다

새해 벽두부터 대통령을 위시하여 시장에서 장사하는 사람들까지 모두의 화두가 '위기'입니다. 이제 위기를 어떻게 극복하느냐가 오늘을 사는 우리 모두의 당면 과제가 되었습니다.

우리는 흔히 위기를 만나면 먼저 긍정적으로 생각하기보다 부정적으로 생각하고, 낙관하기보다 비관하기 쉽습니다. 이렇게 지적하면 실직, 도산, 상업 공동화, 불황 등의 부정적인 상황에서 어떻게 희망을 볼 수 있느냐고 반문할 것입니다. 그러나 세상을 조금만 더 넓게 본다면 절망보다는 희망을, 비관보다는 낙관을 말할 수 있습니다.

가혹한 시련과 위기를 만났더라도 그것을 위기로 받아들이느냐 아니면 새로운 도약의 기회로 받아들이느냐는 순전히 자신에게 달려 있습니다. 세상 사람들이 '이번에는 정말 피하기 어려울 것'이라고 수군거릴지라도 의지에 따라 오히려 한 단

계 높이 도약하는 기회로 만들 수 있습니다. 위기를 오직 위기로만 인식하지 않고 희망으로 나아가는 발판으로 삼겠다는 결의를 다지는 순간 위기는 새로운 기회로 전환될 것입니다.

삶의 고비마다 순간적인 선택이 운명을 결정짓는 경우가 있습니다. 절체절명의 위기에서도 선택의 결과에 따라 운명이 바뀌는 감동적인 일이 수없이 일어나고 있습니다.

우리는 살아가면서 예상하지 못한 위기를 경험할 때가 많습니다. 그때마다 '옛날로 돌아가고 싶다', '예전처럼 일을 할 수 있다면 얼마나 좋을까?'라고 아쉬워만 한다면 반드시 회한과 비탄에 내몰리게 될 것입니다. 그러므로 '나는 지금 화려하게 꽃을 피우기 위해 노력하고 있는가?' 하고 자신에게 물어야 합니다. 진정으로 위기를 넘어 새로운 장을 열기를 원한다면 지금 이 순간, 바로 그 자리에서 최선을 다함으로써 위기를 극복할 수 있습니다.

　우리의 삶에는 위험과 기회가 씨줄과 날줄처럼 촘촘히 엮여 있습니다. 모든 일이 술술 풀리는 때가 있는 반면에 하는 일들마다 난마처럼 얽히고설켜서 한 치 앞을 내다보기 어려운 때도 있습니다. 그러나 절망보다는 희망을 품고 위기를 기어코 돌파하겠다는 굳센 의지를 가지고 최선을 다한다면 분명 더 좋은 미래가 우리를 마중나올 것입니다. 그러니 더욱 노력하고 지혜를 모읍시다.

　본서에서는 위기를 만나기 전에 그를 예방하기 위해 평소 인생 관리를 어떤 마음 자세로 어떻게 해야 하는지, 위기를 피하기 위해서는 어떻게 해야 하는지를 제시했습니다. 또 위기를 만났을 때에는 어떤 사고방식을 가져야 하며, 그를 극복하기 위한 힘과 지혜는 어떤 것인지, 그리고 위기를 탈출하는 구

체적인 방법은 무엇인지에 대해 알아보았습니다.

사업의 실패, 실직 등의 위기를 맞아 어찌할 바를 몰라 당황하고 있는 당신에게 위로와 힘이 되었으면 하는 마음으로 본서를 드립니다.

2012년 겨울 문턱에서
저자

세 번째 징검다리

위기를 대비하기 위한 합당한 행동

네 번째 징검다리

위기를 만났을 때의 마음 자세

다섯 번째 징검다리
위기를 극복하는 힘

여섯 번째 징검다리
위기를 극복하는 지혜

인생의
위기관리

01.

현실을 제대로 인식하자

불황이 닥쳐 곳곳에서 위기라고 아우성쳐도 사람들의 느낌과 태도는 저마다 처한 상황에 따라 다르게 마련입니다.

위기를 대하는 인식과 태도는 그 사람의 처한 위치와 지위에 따라 크게 두 가지로 나눌 수 있습니다. 즉, 봉급을 받는 사람과 직접 경영을 하는 사람입니다.

정해진 날짜에 꼬박꼬박 봉급을 받는 사람은 위기에 대한 의식이 그다지 긴박하지 않다고 해도 과언이 아닙니다. 특히 공무원처럼 보호막이 두터운 분야에서 일하는 사람의 경우에는 위기를 인식하고 대비하는 능력이 거의 없다고 해도 과언이 아닙니다.

반면에 기업을 운영하는 오너나 CEO의 경우에는 위기를 민감하게 느끼고 신속하게 대처합니다. 사업이 크게 번성할 때에도 긴장의 끈을 놓지 않고 자신의 기업 임직원들에게 긴장감을 조성합니다.

이러한 예는 삼성그룹의 이건희 회장을 보면 잘 알 수 있습니다. 그는 2011년, 삼성이 최고 매출과 영업실적을 올렸음에도 "지금 미래의 먹을거리를 준비하지 않으면 십 년 내에 삼성도 망할 수 있다" 라고 긴장감을 조성해 미래를 대비하게 했습니다.

단지 이건희 회장뿐만 아니라 오래 살아남은 기업의 유능한 경영자들은 모두 위기관리를 생활화하고 있습니다. 위기가 언제, 어떤 모습으로 등장할지, 그때 어떻게 할 것인지 등의 방안이 그들의 머릿속에서 떠나지 않습니다. 때문에 그들의 얼굴에는 사업이 어려울 때나 번창할 때나 늘 긴장감이 깃들어 있습니다.

그러나 오랫동안 안정된 직장 생활에 익숙해져 있는 사람들은 대부분 긴장감이 덜합니다.

... ★ ... 인생 관리를 시작할 때

현대를 살아가는 우리는 지금 두 가지 사실을 받아들이지 않을 수 없습니다. 하나는 구조조정이 이제 일상적인 일로 자리잡아가고 있다는 현실이고, 또 하나는 위기가 언제 닥칠지 모른다는 것입니다. 그러므로 지금이야말로 인생 관리를 시작할 때입니다. 이것은 봉급을 받고 생활하는 직장인, 자영업을 하는 소상인, 회사를 운영하는 기업인 모두에게 해당되는 당면 과제입니다. 따라서 '별일 없을 거야, '설마 나한테 무슨 일이 생기겠어?'와 같은 막연한 낙관론이나 현실을 애써 외면하려는 태도에서 벗어나 '어떤 위기가 언제, 어떻게 닥칠 것이며, 닥쳤을 때 나는 어떻게 대응하겠다'라는 구체적인 계획을 가지고 있어야 합니다.

대부분의 사람들이 가장 관심을 가지고 있는 위기의 분야는 크게 직업, 재정, 그리고 건강일 것입니다. 이에 당신도 자신에게 발생할 수 있는 다양한 위기를 예측하고 마땅한 대응 전략을 세워두는 우수한 전략가가 되어야 합니다.

미래는 예측이 불확실하고, 변화가 많습니다. 따라서 아무리 준비했다 할지라도 예상치 못한 일이 닥칠 수 있습니다. 그 위기를 잘 극복하면 위기가 오히려 발전을 위한 기회도 될 수 있습니다.

02.

위기의 절박함을 가정하고 그에 대처하라

오늘날, 물가 상승이나 치솟는 전월세금 때문에 직장인들도 예전의 봉급생활자들만큼 유유자적하지는 못합니다. 하지만 그래도 매달 통장으로 들어오는 봉급으로 생활하는 사람들은 그다지 절박함을 느끼지 않습니다. 당장은 걱정할 필요가 없으니까요.

... ★ ... 호황 속에서도 위기를 생각하라

호황 중에 위기를 대비하여 철저히 준비한 끝에 위기를 도약의 기회로 삼은 우리나라의 한 CEO를 소개합니다.

2006년은 제2금융권이 가장 호황을 누렸던 때이기에 업계 모두 돈을 많이 벌었고 분위기가 달아올라 있었습니다. 김광진 회장이 거느리고 있던 현대스위스저축은행도 그랬습니다. 그런데 김 회장은 누구도 생각지 못한 경영 혁신을 생각하고 있었습니다. 호황일 때 미래를 준비해야 한다고 생각한 것입니다.

흔히 회사가 성장하고 있을 때에는 일이 많아서 직원들 교육이 제대로 이루어지지 않을 수도 있습니다. 그러나 교육이 성장을 따라가지 못하면 미래를 준비할 수 없다고 판단한 김 회장은 직원들에게 변화와 혁신의 메시지를 던졌습니다. 그러자 모두들 반기를 들었습니다. 경영 혁신을 하지 않아도 잘 굴러가며 전성기를 구가하고 있는데 굳이 혁신을 하겠다니, 도저히 이해할 수 없었던 것입니다.

사람들은 누구나 좋을 때에는 그에 안주하기 쉬워서 절박함과 절실함이 없는 편입니다. 그러나 김 회장은 바로 그때 혁신을 해야 한다고 생각하여, 지점의 수를 비롯한 조직을 줄이고 내부적인 시스템을 다졌습니다. 전성기가 있으면 반드시 위기가 올 것이라고 내다본 것입니다.

김 회장은 임직원들의 이해를 구하기 위하여 합리적인 방법을 택했습니다. 2006년 8월 말, 기획실 말단 직원에서부터 경영진에 이르기까지 모두 한자리에 모아 변화와 혁신을 주제로 토론을 벌인 것입니다.

예상대로 모두 하나같이 경영 혁신이 시기상조라고 반발했습니다. 현재 경영성적이 좋으니 굳이 그럴 필요가 없다는 논리였습니다. 오후 세 시부터 시작한 토의가 다음 날 날이 새도록까지 계속되었으나 결론을 내리지 못했습니다.

그러자 김 회장은 최후의 수단으로 그해 10월 3일, 양평의 KBS 남한강수련원에서 전 직원 워크숍을 가졌습니다. 물론 혁신이 주제였고 '어디서부터 어떻게 혁신을 할 것인가?'로 2박 3일 동안 토론을 벌인 것입니다. 그러나 거기서도 합의점을 찾지 못했습니다.

하지만 김 회장은 지금이 경영 혁신의 적기라는 확신을 가지고 우선 자신의 분신이자 기업의 두뇌인 기획실부터 전격적으로 정비를 시작했습니다. 자신의 오른팔 격인 기획실을 먼저 과감히 혁신함으로써 직원들의 사고를 변화시키겠다는 의지를 천명한 것입니다.

그는 기획실 전체 라인을 한날한시에 해체하고, 외부에서 영입해 온 인물을 실장 대행에 앉혔습니다. 그리고 그에게 회사의 혁신 전권을 위임한 후 부행장 겸 기획실장을 비롯하여 과장에 이르기까지 혁신을 반대했던 직원들을 모두 단칼에 정리해고하도록 했습니다. 호황이라고 해서 절박함을 느끼지 못하는 사람들은 앞으로 닥칠 위기에 대처할 능력이 부족하다고 판단한 것입니다.

결국 다가올 미래를 예측하지 못하고 현재에 안주하려 했던 직원들은 모두 직장을 잃는 비운을 맞이하고 말았습니다. 그때가 2006년 11월이었습니다.

2011년과 2012년 부산저축은행 등 수많은 저축은행이 문을 닫았으나 김광진 회장의 대비 덕분에 현대스위스저축은행은 위기를 무사히 넘겼고 또다시 미래를 준비하고 있습니다.

✳

... ★ ... 절박함과 절실함을 느끼는 방법

평상시 사업이 잘나갈 때에도 김광진 회장처럼 위기의 절박함을 느껴야 합니다. 위기는 언제 닥칠지 알 수 없는 것이기 때문입니다.

당신도 평소에 위기의 절박함을 느끼고 있는지 자문해보십시오. 만약 그렇지 않다는 대답이 나오면 이번 기회에 자신을 되돌아보는 기회를 갖기 바랍니다. 절박함이나 절실함을 느끼지 못한다면 위기가 닥쳐와도 변하기가 매우 힘들며, 위기를 기회로 만들기는 더더욱 어렵습니다.

오늘날 절박함이나 절실함을 제대로 느끼고 사는 사람은 그렇게 많지 않습니다. 보통 사람들의 눈에는 좋은 시절이 오래오래 지속될 것이라고 예상되기 때문에 치열하게 무엇인가를 준비하려고 하지 않습니다.

절박함이나 절실함을 느낀다는 것은 대오 각성하듯이 새삼스럽게 크게 깨닫는 것이 아니라 그냥 지속적인 삶의 하나의 과정이며, 생활 습관 중의 하나에 불과합니다. 따라서 항상 절박함이나 절실함을 유지하도록 노력하는 것이 중요합니다.

절박함이나 절실함을 느끼기 위해서는, 적절한 정보를 많이 입수하고 다양하게 자극을 받으며 그것을 자신의 문제로 받아들여야 합니다.

평소에 절실함과 절박함을 느끼기 위해 스스로에게 다음과 같은 몇 가지 질문을 해보고 그 해답을 찾아보십시오.

첫째, 나는 앞으로 어떻게 할 것인가?

둘째, 내가 종사하는 분야에는 어떤 일이 일어날까?

셋째, 그 일들이 나에게는 어떤 영향을 미칠까?

넷째, 전문가들은 지금의 상황을 어떻게 보고 있는가?

마지막으로, 전문가들은 앞으로 세계가 어떻게 변할 것으로 예상하고 있는가?

스스로에게 이런 질문을 자주 던져 그 해답을 찾으려고 끊임없이 노력할 때 절박함과 절실함을 느끼고 위기를 극복할 수 있습니다.

당신은 이런 질문을 지난 6개월 동안 몇 번이나 했습니까? 그리고 그 해답을 찾기 위해 얼마나 투자하고 노력했습니까? 책을 읽거나 잡지나 신문을 보면서 정보를 수집하고 그 정보를 자신의 것으로 만들기 위해 노력한 일이 있습니까?

이러한 물음에 자신 있게 '그렇다'라고 대답하지 못한다면 아직 절박함이나 절실함이 초보 단계에 머물러 있다고 할 수 있습니다.

세상에 공짜로 얻을 수 있는 것은 하나도 없습니다. 마찬가지로 투자가 있어야 이익이라는 과실을 거둘 수 있습니다. 변화에 따라가기 위해서는 절실함과 절박함을 얻고자 투자를 해야 합니다.

03.

과거에 믿었던 것들과 작별하라

사람은 한번 믿으면 끝까지 믿는 속성이 있어 좀처럼 바꾸려고 하지 않습니다. 세상이 변해가는데도 그에 맞출 생각을 않는 것입니다. 오히려 자신이 믿었던 것을 더욱 공고히 하기 위해서 주변의 정보를 선택적으로 받아들입니다.

세상의 변화에 맞추어 자신의 믿음을 고치겠다고 생각하면 좀 더 유연한 사고를 할 수 있습니다. 그러나 자신의 믿음을 진리인 것처럼 고착화하면 그때부터 변화와는 멀어지고 위기에 제대로 대응할 수 없게 됩니다.

대부분의 사람들은 자신의 직업에 대해 고정된 믿음을 가지고 있습니다. 문제는 이런 믿음들이 변화하는 현실과 부합되지 않는 것들이 많다는 데 있습니다. 따라서 우리는 자신의 직업에 대한 지금까지의 믿음을 스스로 점검해야 합니다. 제대로 된 믿음을 가지고 있을 때 그에 합당한 행동을 할 수 있게 됩니다.

... ★ ... 평생 직장 생활을 할 것이라는 믿음은 버려라

NHN의 이해진 회장은 지금의 기업을 창업하기 전에는 대기업에 다니는 평범한 직장인이었습니다. 1992년에 대학을 졸업하고 삼성 SDS연구소에 입사한 후 5년 동안은 남들처럼 직장을 다녔습니다. 하지만 직장 생활을 하면서도 평생 평범한 직장인으로 남을 것이라는 고정관념은 없었습니다. 그의 혈관에는 그때부터 이미 지금 못지않은 치열한 열정이 흐르고 있었던 것이지요. 현실에 안주하지 않고 미래에 대해 치열하게 고민을 한 것입니다.

말단 직원 시절, 그는 하루 여덟 시간이 넘는 근무를 하면서도 자기계발을 게을리하지 않았습니다. '직장에서 보내는 시간의 25퍼센트는 순수하게 자기계발을 위해 쓰라'는 원칙을 지켰습니다. 퇴근 이후에 잔업을 하는 한이 있더라도 하루 두 시간의 자기계발 시간만큼은 철저히 지켰습니다.

"내가 가장 잘 개발할 만한 기술이 무엇일까?"

그는 자신에게 이런 질문을 던지며 방향을 잡아나갔습니다. 3년 이상을 이 주제에 몰입해서 찾은 답이 바로 검색엔진이었습니다. 최고의 포털 사이트인 네이버는 그렇게 만들어졌습니다.

현실은 엄청나게 변하는데 과거에 사로잡힌 채 살아가는 사람들이 의외로 많습니다. 그들의 잘못된 전망과 선택, 그리고 행동은 예상할 수 없을 정도로 큰 대가를 지불하게 됩니다.

예를 들어봅시다. 10년 전에는 인기 직종이었던 것이 요즘에는 사양화된 경우가 얼마나 많습니까? 자신의 의지나 노력과는 상관없이 세상의 변화로 인해 특정 직종이 몰락한 사례는 또 얼마나 많습니까?

당신은 지금 종사하는 직종에 만족하고 있습니까? 기회가 왔을 때 바꾸지 않은 것을 후회하지는 않습니까?

우리가 흔히들 가지는 직업에 대한 잘못된 믿음, 즉 착각의 공통적 요소는 다음과 같습니다.

첫째, 직장에서 '자신이 크게 잘못한 것이 없으면 그 자리에 계속 머물 수 있을 것'이라는 믿음입니다.

사실 이런 믿음이 통하던 시대가 있었습니다. 그러나 급변하는 오늘날에는 직업의 부침浮沈 기간이 극도로 짧아지고 있습니다. 또한 같은 직장 안에서도 경쟁이 너무 치열하기 때문에 지금은 큰 잘못이 없더라도 그 자리에 언제까지고 머물 수 있는 시대가 아닙니다. 따라서 '자리 보존'에 대한 지금까지의 믿음을 항상 그 자리를 지킬 수는 없다는 믿음으로 바꾸어야 합니다. 그래야 미래를 준비하고 위기에 대비할 수 있습니다.

둘째, '프리미엄은 있다'라는 믿음입니다.

예전에는 명문대학, 자격증, 학위, 학연, 지연 등 갖가지 프리미엄이 통했습니다. 그래서 이런 프리미엄을 얻고자 많은 노력을 기울였지요. 지금도 그런 프리미엄이 존재하기는 합니다. 그러나 예전과는 달리 그 힘이 매우 약해졌습니다. 기술의 전문화에 따라 명문대학을 바라보는 시각이 많이 변한 것입니다.

셋째, '모두 함께 갈 수 있다'는 믿음입니다.

이 믿음은 소위 평생직장을 외치던 시대의 믿음입니다. 누구나 기업이라는 거대한 조직에 빠져 있으면 평상 함께 갈 것이라고 믿게 됩니다. 그러나 위기가 오면 그럴 수 없다는 것을 뼈저리게 느끼게 됩니다. 모두 함께 갈 수 없다는 현실을 받아들여야 '실직'이라는 위기가 왔을 때 당황하지 않고 현명하게 대처할 수 있습니다.

넷째, '최악의 상황은 없다'는 믿음입니다.

사람은 눈앞에 위기가 닥치기 전에는 최악의 상황이라는 객관적인 사실을 받아들이려고 하지 않습니다. 타의에 의해서 직장을 잃을 수도 있다는 충격적인 상황을 믿지 않는 것입니다. 그러나 '언제든지, 그리고 누구에게나 그런 위기가 올 수 있다'는 인식을 가져야 위기를 만나도 당황하지 않고 슬기롭게 극복할 수 있습니다.

다섯째, '세상 탓이다'라는 믿음입니다.

일자리에서 맺어진 관계가 안정적이고 영속적이었던 시절이 있었습니다. 그러나 세상이 변하면서 고용 관계도 변하고 있습니다. 때문에 이제 와서 그런 세상을 탓할 수는 없습니다. 사실을 그대로 받아들여 결코 세상 탓이 아니라는 사실을 깨치고 자신의 힘으로 해결책을 찾아야 합니다.

여섯째, '직장에서 생존권을 보장해주어야 한다'는 믿음입니다.

자신이 아닌 타인에게 생존권을 보장해달라고 외치던 시대가 있었습니다. 그러나 이제는 어느 누구도 당신의 생존권을 보장해주지 않습니다. 당신 스스로 생존 방법을 찾아야 합니다. 그 방법을 찾기 위해 평소 꾸준히 실력을 쌓고 대비하는 연습을 해야 합니다. 그래야 위기의 순간에도 당황하지 않고 침착함을 유지할 수 있습니다.

04.

시대와 사회의 변화를 받아들여라

　주어진 상황을 변화시킬 수 있는 힘이 없다면 그때는 현실을 기꺼이 받아들여 어떻게 하면 자신에게 유리하게 활용할 수 있을지를 생각해야 합니다. 어쩔 수 없는 상황의 원인을 외부로 돌리면 그 상황을 타개할 수 없을 뿐만 아니라 상황을 역으로 이용하는 지혜마저 깨닫지 못합니다. 그리고 성장이 불가능합니다.

　주어진 상황을 발전시키느냐 발전시키지 못하느냐 하는 것은 오로지 우리 의지에 달려 있습니다. 게다가 오늘날 우리에게 주어진 상황은 위기입니다.

　항상 이런저런 불평불만을 늘어놓는 사람들이 있습니다. 그들의 공통점은 자신들에게는 전혀 문제가 없다고 생각하는 것입니다. 문제의 원인을 자신이 아닌 외부에서 찾습니다. 이런 사고방식을 계속하면 습관이 되어버립니다. 이를 고치지 않는 한 자신의 문제를 스스로 해결할 수 없습니다.

최근 민주화 혁명으로 세계의 이목을 집중시킨 아랍 문화권은 1960년대까지만 해도 문화 수준이 우리나라와 같았으나 지금은 하늘과 땅만큼의 차이가 납니다. 그래서 그들은 자신들이 선진국 수준에 이르지 못한 것에 대한 패배감으로 젖어 있는데, 어느 학자는 이것이 모든 것을 외부로 돌리는 성격 탓이라고 주장하였습니다.

이 주장이 맞든 안 맞든 그것은 차치하고, 여기서 주목해야 할 것은 자기 문제에 대해서 그 원인을 외부로 돌리면 발전하지 못한다는 사실입니다.

이와 다르게 변화에 민감하게 대응한 예로 맥도날드를 들 수 있습니다.

인도네시아에서 반미 시위가 한창이던 2001년 10월, 맥도날드 직원은 전부 이슬람 전통의상을 입고 매장에 나와 손님을 맞이했습니다. 또 한국에서 반미 시위가 절정이던 2002년 겨울, 맥도날드가 내놓은 광고의 카피는 '한국 점포의 모든 임직원은 한국인입니다'였습니다. 이것은 모두 변화에 예민하게 대응하는 방법의 하나였습니다. 그 결과 맥도날드는 여전히 전 세계에서 사랑받고 있습니다.

개인이나 집단을 막론하고 변화에 대응하지 않으면 살아남기 힘듭니다.

교보생명 신창재 회장은 취임 당시 생명보험회사들의 문제점 중에서 가장 크다고 생각하는 양 위주의 경영, 즉 외형 경쟁을 탈피하기로 결심하였습니다.

신 회장은 당시 보험시장의 성숙, 금융산업의 통합화 흐름, 외국생보사들의 약진에 따른 시장경쟁의 가속화로 인해서 업계가 몸집 불리기만 계속한다면 수년 내에 위기가 올 것이라고 판단을 내렸습니다. 그리고 그러한 판단에 따라 위기를 대비하여 신속한 조치를 취했습니다. 2001년 12월 1일, 교보생명의 새 비전과 CI기업이미지를 선포한 것입니다. 즉, 질 중심의 경영으로 전환한 것입니다. 양Volume에서 질Value로, 가치를 외형 중심에서 고객 중심, 수익 중심 경영으로 완전히 전환하였습니다.

그 결과 우선 재무제표를 보면, 보유자산 클린 작업을 통해 자산 리스크를 크게 축소하여 고정 이하 자산비율이 현재 보험업계 최고 수준에 이르렀습니다. 생명보험회사로서 팔아야 할 진정한 보험 상품을 얼마나 많이 판매하느냐는 측면에서도 비약적인 발전을 이루었습니다. 회사 수익구조가 위기를 당하지 않을 안정적인 선진형으로 바뀐 것입니다.

신 회장은 취임 이후 전국 100여 개, 1,900여 명의 직원들이 자발적으로 참여하는 CS고객만족 동아리를 만들어 운영하고 있고, 다른 금융기관보다 30분 일찍 업무를 시작하도록 했습니다.

또 CS 컨설턴트 제도를 도입하여 고객 서비스 진단을 통한 개선

안을 수립하도록 했으며, CS 혁신 협의회를 통해 보험금 지급, 민원 처리 등의 절차를 대폭 간소화하도록 했습니다.

신 회장의 이러한 준비의 결과 교보생명은 위기를 극복함은 물론 한국능률협회 컨설팅이 주관하는 고객만족 경영대상을 1999년부터 2004년까지 5년 연속, 그리고 2009년에도 수상했습니다.

자신의 힘으로 변화를 거역할 수 없다면 미래를 철저히 대비해야 위기를 맞지 않습니다. 미래를 준비하는 사람이 능력 있는 사람이며, 시대가 변하는데도 불구하고 스스로 변하기를 주저하는 사람은 위기가 찾아오면 꼼짝없이 당하고 맙니다.

미래를 준비하는 사람은 시대의 변화, 타인, 또는 시스템에 그 원인을 돌리지 않습니다. 누구를 막론하고 위기의 원인을 다른 곳에서 찾는 사람은 발전할 수 없습니다.

무능한 사람으로 시대의 변화에 끌려다닐 것인가, 아니면 스스로의 힘으로 변화를 주도할 것인가 하는 것은 오로지 우리의 판단과 결정에 달려 있습니다.

05.

잃은 것보다 가지고 있는 것에 주목하라

현대인들은 누구나 자신의 능력과 한계에 대해 회의를 느낄 때가 있습니다. '이제 와서 무엇을 할 수 있을 것인가?' 하는 자괴감에 빠지는 것입니다. 왜냐하면 성공한 사람은 최고의 자리에서 존경과 부러움을 받는데 자신은 나름대로 열심히 살았음에도 불구하고 승진은커녕 소외를 당하기 때문입니다.

가치관이 혼란하고 물질 만능 주의에 젖어 있는 사회에서는 소외감을 느끼기 쉽습니다. 모든 것이 순탄하게 진행된다면 잘나가는 직장과 직위를 통해서 안정감과 소속감을 느낄 수 있습니다. 그러나 안정감과 소속감이 흔들리는 위기가 닥치면 소외감을 느끼거나 자신의 무능을 깨닫게 되고, 지금까지 살아온 삶이 허무하게 느껴집니다. "나는 지금까지 무엇을 하며 살았나?", "정말 헛살았어" 하는 고민들이 생기면서, 어느 순간 무기력해지고 의욕이 사라지며, 자신감이 없어지는 스스로를 발견하게 되지요.

누구나 조직에 오랫동안 머물다 보면 자신도 모르게 지나치게 익숙해지고 그 조직이 마치 자신의 것인 양 착각하게 됩니다. 그러다 보면 직위만 존재할 뿐 자신의 존재는 사라지게 됩니다. 그러다가 뜻하지 않게 큰 변화가 오면 그만 위기를 느끼고 당황하게 됩니다.

… ★ … 자신이 가진 것을 생각하면 힘이 생긴다

우리 주위에 갑자기 일어난 위기로 인해 좌절을 겪는 여러 가지 사례 중의 몇 가지 예를 보겠습니다.

대학을 졸업하고 군대에 다녀온 후 취직하여 10여 년간 열심히 일을 하여 팀장 자리에까지 오른 40대 남자. 그는 몇 년 안에 이사가 될 것을 꿈꾸고 있었습니다. 그런데 어느 날 갑자기 회사가 그에게 명퇴를 권유한다면 그의 실망감이나 허무감은 말할 수 없을 정도로 클 것입니다.

한 가정의 주부요, 두 아이의 어머니이며, 가정밖에 모르던 한 여성이 갑자기 남편으로부터 뜻밖에 이혼소송을 당한 경우도 있습니다. 그녀를 더 슬프게 한 것은 남편이 자신의 친구와 정분이 나서 그리되었다는 사실입니다.

이 두 사람이 위기를 극복할 현명한 방법은 우선 자신이 가지고 있는 것들을 생각하는 것입니다. 거기에는 물론 재산도 포함되겠으나 그 외에도 능력, 외모, 앞으로 다가올 미래 등을 꼽을 수 있습니다. 어떤 상황에서도 자신이 가지고 있는 것에 주목한다면 위기를 극복할 수 있는 힘이 생기고 용기를 가질 수 있습니다.

위기의 순간에 자신이 가진 재능을 발휘하여 위기를 극복했음은 물론 세계적으로 유명한 작가가 된 사람을 소개합니다.

마거릿 미첼은 유능한 기자였습니다. 그런데 뜻하지 않은 일이 벌어졌습니다. 그녀가 말을 타다가 낙마하여 몹시 심하게 다친 것입니다. 그녀는 더 이상 기자 생활을 계속할 수 없어서 사표를 냈습니다.

그녀는 걸을 수도 없었습니다. 할 수 없이 좁은 아파트에 갇혀 사는 신세가 되고 말았지요. 힘들고 불편한 일이 한두 가지가 아니었지만 그녀는 무엇보다도 자신이 허송세월한다는 사실을 감당하기가 힘들었습니다.

그녀는 자신의 삶에 닥친 위기를 기회로 삼기로 결심했습니다. 남편이 도서관에서 빌려다 주는 책을 읽으면서 작가로서의 꿈을 키우기로 한 것이죠. 10년의 세월을 집필에 몰두한 결과 마침내 그녀는 그 꿈을 실현하였습니다. 1936년 《바람과 함께 사라지다》를 세상에 내놓은 것입니다. 그 책은 출판되자마자 애틀랜타는 물론이고 미국을 비롯하여 전 세계적으로 베스트셀러가 되었습니다.

마거릿은 이 작품으로 1937년 퓰리처상을 받았고, 20세기 최고 베스트셀러 작가라는 명예와 함께 생각지도 못했던 부상을 받게 되었습니다. 이것은 위기 속에서 자신의 장점을 발견하여 그것을 무기로 삼아 위기를 기회로 만든 좋은 예입니다.

위기의 순간에도 당신은 분명히 가진 것이 있을 것입니다. 그것이 무엇입니까? 그것에 주목하세요.

06.

자조 정신으로 일어서라

위기에 굴하지 않고 일어서기 위해서는 자조自助, 자립정신이 필요합니다.

자조라는 말은 스스로 자신을 돕는다는 의미인데, 영어의 Self자기에서 비롯되었다고 할 수 있습니다.

영어에서는 유독 Self로 시작되는 말이 많습니다. 예를 들면 Self-regard자존감, Selfhood자아, Self-commuion자기 성찰 등인데, 언어학자들은 그 이유를 서구 문명이 자유민을 바탕으로 발전되어왔기 때문이라고 말합니다.

... ★ ... 가진 것에 초점을 맞추다

여기에 아주 특별한 여자가 있습니다. 그녀는 어느 날 재벌 집안 출신인 마흔다섯 살의 남편으로부터 "나, 젊은 여자를 사랑하고 있어"라는 어처구니없는 말을 듣게 됩니다. 그리고 곧 이혼을 통보받습니다. 지켜보던 사람들은 그녀의 슬픔이 매우 클 것으로 예상했습니다. 그도 그럴 것이 그녀는 대학에서 정치학을 공부한 것을 빼고는 그때까지 오직 남편에게만 초점을 맞추어 살아왔기 때문입니다.

처음 그녀는 뼈아픈 고통을 느꼈습니다. 그러나 그녀는 예상 밖으로 오랫동안 절망에 빠져 있지는 않았습니다. 그녀는 세 딸을 둔 늦은 나이에 열정을 가지고 노력한 끝에 당시까지 여성으로서는 가장 높은 지위인 국무장관1997~2001년이 되었습니다. 바로 매들린 올브라이트Madeleine Albright의 이야기입니다.

이혼 후 잠시 시련에 빠졌던 그녀가 자신에게 가장 자주 했던 질문은 '왜 내게 이런 일이 생긴 것일까?'였습니다. 한동안은 '왜 나는 이렇게 살아야 하나?', '세상에…… 남편에게 버림을 받다니……', '이젠 어떻게 살지?'와 같이 부정적인 생각의 주위에 머물러 있었습니다.

그런 그녀가 눈부신 성공을 거둘 수 있었던 것은 자신이 처한 상황을 부정적으로 해석하지 않고 되도록 긍정적으로 받아들였기 때문입니다. 그녀 역시 처음엔 불평과 불만에 싸여 제대로 답을 찾을 수 없었습니다. 그러나 시간이 지나자 답이 나왔습니다. 그것은 더 이상 자신에게서 떠난 것들에 연연하지 말자는 것이었습니다. 가지지 못한 것이 아닌 가지고 있는 것에 초점을 맞추는 것이었습니다. 그렇게 생각을 바꾸자 그 해답이 그녀를 더 많이 움직이도록 만들었습니다. 남편을 잃은 대신 스스로 모든 것을 결정할 수 있는 결정권과 자유를 얻었음을 소득으로 생각했습니다.

그러자 그녀에게 놀라운 일들이 일어났습니다. 1982년에서 1993년까지 조지타운대학교에서 국제관계학 교수로 재직하게 되었고 1992년에는 빌 클린턴의 대통령 선거캠프에까지 입문했습니다. 그리고 클린턴이 대통령에 당선되자 UN 대사로 4년간 재직하면서 군사적 활동에서 미국의 역할을 증진시키는 업적을 쌓았고, 1997년에는 상원에서 만장일치로 비준을 받아 국무장관이 되었습니다. 유대인에다가 체코 출신이어서 미국 사회에서 비주류였던 그녀가 대통령 다음가는 자리에 오른 것입니다. 이혼으로 절망한 채 하루하루를 무의미하게 살았더라면 그녀는 결코 국무장관이 될 수 없었을 것입니다.

무엇보다 중요한 것은, 시련이 찾아왔을 때 그저 그 시련을 견뎌내는 것에 집중할 것인지 아니면 시련을 통해 성장해나갈 것인지를 선택하는 것입니다.

'나는 나이가 너무 많아서 이젠 늦었어'라는 생각이 들면 올브라이트의 이야기를 처음부터 읽어보기 바랍니다. 나이 마흔다섯에 남편에게 이혼을 통보받고, 쓸쓸히 혼자 출발해 미국에서 최고의 자리에 오른 여성 올브라이트 앞에서는 어떤 이유도 그저 핑계일 따름입니다.

자조 정신은 스스로 운명을 헤치고 삶을 개척해가겠다는 정신을 말합니다. 이런 정신은 위기 때 더욱 빛을 발합니다. 근대화를 이룩한 서구인들에게는 이런 자조 정신이 숨어 있었으며, 우리나라에서는 1960년대 산업화를 이루면서 많이 권유해온 신념입니다. 그런데 자조 정신을 역사적으로 해석하고 그 의미를 찾기보다는, 위기에 굴하지 않고 일어서는 데에 필요한 정신으로 그 의미를 부여하는 것이 바람직하다고 봅니다.

성공의 원동력의 하나로 자조 정신을 강조한 사람은 《자조론self-help》의 저자인 영국의 새뮤얼 스마일스Samuel Smiles로, 그는 자조에 대해서 이렇게 말했습니다.

"'하늘은 스스로 돕는 자를 돕는다'는 말은 오랫동안 수많은 사람들이 실제 경험을 통해서 인정한 진리이다. 자조 정신은 개인이 자기를 계발하기 위한 바탕이며, 그것이 많은 국민들을 통해서 나타날 때 국가의 힘이 된다. 남의 도움은 자신을 약하게 만들지만 스스로 돕는 것은 언제나 강력한 힘을 발휘한다. 개인이든 집단이든 남의 도움을 받으면 자립심이 없어지고 지도와 감독에 길들여져 무기력한 존재가 되기 쉽다."

... ★ ... 위기 극복의 가장 중요한 무기, 자조 정신

스스로 돕는 것만이 진정으로 위기를 극복할 수 있는 길이며, 우리가 상상하는 이상으로 큰 힘을 발휘하게 됩니다. 따라서 위기를 극복하려 한다면 먼저 사고나 행동에 자조 정신이 깃들어 있어야 합니다. 위기를 당했을 때 극단적인 선택을 하는 사람들을 자세히 살펴보면 모두 자조 정신이 없음을 알 수 있습니다.

극단적인 선택을 하는 사람들은 개인적으로는 자살을 하는 사람을 들 수 있으며, 기업하는 경영인들에서는 기업을 살리기 위해 개인자산을 투자하는 등의 자구책을 구하지 않고 바로 포기하고는 법정관리를 신청하거나 파산을 신청하는 경우를 들 수 있습니다.

자조 정신은 스스로 자기 자신을 돕는 것으로, 먼저 자신을 연마하는 데서 시작합니다. 자신의 단점을 찾아서 그것을 스스로 극복하기 위해 노력하는 것입니다. 필자가 아는 모 기업의 사장은 어려서부터 감기에 잘 걸리는 약한 체질임을 알고 하루도 빠지지 않고 열심히 냉수마찰을 하여 극복하였습니다.

자조 정신은 자신을 소중히 여기는 것입니다. 자신은 이 세상에 하나밖에 없는 존재임을 인식하고 헛되이 시간을 낭비하지 않는 것입니다.

좋은 결과를 그리는 것 역시 자조 정신을 기르는 방법 중 하나입니다. 자신이 하는 일은 무엇이나 성공할 수 있다는 자신감을 갖는 것입니다. 자신의 능력을 믿고 실패를 두려워하지 않고 도전하는 것이 곧 자조 정신을 갖는 방법입니다.

시간이 흐를수록 변화의 속도가 빨라지고 있습니다. 이런 때는 어느 분야에 종사하든지 스스로 새로운 길을 모색해야 합니다. 오늘날과 같은 상황에서는 남의 도움으로 위기를 극복할 수 없습니다. 스스로 자신을 돕겠다는 강한 정신만이 위기에서 자신을 구원하고, 한 걸음 더 나아가 타인도 구할 수 있습니다.

07.

만일을 대비해 예상 시나리오를 만들어보라

우리는 위기를 만날 때마다 '미리 예상하고 준비를 해둘 걸' 하고 후회를 합니다. 그러다가 위기를 넘기고 나면 언제 후회했느냐는 식으로 예전과 같은 생활을 되풀이합니다. 그래서 '뒷간 갈 때와 올 때 마음이 다르다'는 말이 생겨난 것입니다.

대부분의 사람들은 평상시에는 다급할 때의 생각을 하지 못합니다. 막연한 걱정이나 두려움은 가지고 있지만 대비책을 세우지는 못한다는 뜻입니다. 단순히 우려와 걱정의 수준에 머물다가 시간이 지나면 잊어버립니다. 이것은 인간이 가지고 있는 공통적인 약점, 즉 나태, 우유부단, 결단력 부족 때문입니다. 이를 극복하여 평상시에 미래를 대비하는 사람들이 더 나은 미래를 창조합니다.

그럼 평상시에 미래를 준비하고 위기를 대비하는 방법으로는 어떤 것이 있을까요?

우선 빈 종이 상단에 가로선을 그은 다음 왼쪽 끝에 자신이 태어 났음을 의미하는 나이, 즉 0을 쓰고, 10, 20, 30······ 등 10년 단위로 예상하는 자신의 수명이 될 때까지 밑으로 내려가며 가로선을 그어 칸을 만드십시오. 그런 후 다음과 같은 질문을 해가며 해당되는 나이의 칸에 대답을 기록하십시오. 물론 현재 자신의 나이를 기점으로 과거의 칸에는 있었던 일을, 그리고 미래의 칸에는 희망하거나 예상 되는 일을 쓰는 것입니다.

첫째, 그때 나는 무엇을 했고, 또 하고 있을까?

예를 들어서, 회사원이나 공무원 등의 직업 혹은 자신이 꿈꾸는 어떤 일이 될 것입니다. 그런 다음 그때 닥쳐올 위기를 예상해보세 요. 예를 들어 직장에서의 해고일 수도 있고, 병을 앓는 경우일 수도 있습니다.

그렇게 기록을 하는 동안 원하는 직장을 갖기 위해서 어떤 일을 해야 하며, 예상되는 위기를 극복하기 위해서는 무엇을 해야 할지가 떠오를 것입니다.

둘째, 소망하는 무엇이 되기 위해서 어떤 준비를 해야 하는가?

즉, 가까운 장래를 위해 어떤 준비를 해야 할지에 대해서 여러 가지 기록을 할 수 있을 겁니다.

셋째, 내 인생의 1막은 어디까지이고, 2막은 어디까지가 될까?

이 질문이 어디에 해당할지 예상되는 곳에 표시를 하십시오. 그런 다음 역시 어떤 위기가 예상되는지 그것을 요약해서 기록하십시오. 구체적으로 기록할수록 더 좋습니다. 그렇게 기록해나가는 중에 그 위기를 해결할 수 있는 방법도 떠오를 것입니다.

이런 예상 시나리오를 쓰는 것은 인생의 전체를 조망해보고, 자신과 대화를 나누기 위한 것입니다. 우리의 인생이 별문제 없이 평탄한 직장 생활을 하다가 정년을 맞이하여 은퇴 후 연금으로 무난하게 노후를 보낼지, 아니면 야심찬 계획을 가지고 40대에 사업을 시작하는 3막 인생을 보낼지 확실하게 알 수 없으나, 한 가지 분명한 것은 언젠가 위기가 있을 수 있다는 사실입니다. 그때를 예상하고 미리 준비할 때 보다 밝은 미래를 맞이할 수 있습니다.

08.

위기를 도전의 기회로 삼아라

　직장인들은 생활의 안정을 추구합니다. 즉, 생활의 안정이 곧 직
장인의 보람이며, 최대의 가치입니다. 그러므로 직장인들은 회사를
중심으로 자신만의 안정 구역을 만들어놓고 그 범위를 벗어나는 것
을 매우 싫어합니다.

　그런데 오늘날의 직장은 예전과는 판이합니다. 예전처럼 모든 것
이 안정적이지도 않고, 장기근속을 보장해주지도 않습니다. 따라서
안정이라는 개념도, 안정을 보장해주는 주체도 바뀌었습니다. 그렇
다면 안정을 바라보는 우리의 시각도 달라져야 합니다. 이제는 자신
의 한계를 끊임없이 수정해가는 용기와 지혜를 가져야 합니다. 여기
에서부터 위기와 기회가 존재합니다.

　같은 공간, 즉 같은 사무실에서 5년 혹은 10년을 함께 근무해온

동료가 어느날 갑자기 부상하여 팀장이 되거나 승진하여 다른 부서로 이동합니다. 물론 그중에는 회사의 오너나 경영진의 인맥을 통해서 부상하는 경우도 있습니다만 오늘날에는 극소수에 불과합니다.

사무실이라는 같은 공간에서 우리와 동일한 일과로 하루를 보내던 직원이 어느 날 갑자기 부상하는 이유는, 그 직원이 자신의 한계를 개선하려고 끊임없이 노력했기 때문입니다. 주어진 일만 단순히 수동적으로 한 것이 아니라 최대한 머리를 짜내어 프로젝트화하여 하루하루 열심히 일했기 때문입니다.

앞으로 직장은 정년이 보장된 공직을 제외하고는 고정급을 받는 전통적인 의미의 샐러리맨들이 줄어들 것으로 예상됩니다. 아직까지는 그런 제도를 시행하는 직장이 많지만 앞으로는 공무원을 제외하고는 봉급이 아닌 일의 성과 위주의 수당을 주는 제도로 변화할 것입니다. 한마디로, 상업 원리가 적용되는 것입니다.

따라서 모든 직장인은 프로가 되어야 한다는 의미입니다. 또한 그런 직장에서 살아남기 위해서는 프로 선수 이상의 긴장감을 가지고 치열하게 살아야 합니다.

이 시대는 우리가 원하든 원치 않든 그렇게 살 수밖에 없습니다. 왜냐하면 하루를 어떻게 사느냐에 따라 연봉, 즉 몸값이 달라지기 때문입니다. 따라서 봉급생활자들에게는 매일매일의 생활이 위기이며 동시에 기회가 될 것입니다.

... ★ ... 매일의 생활을 도전의 기회로 삼아라

그렇다면 이렇게 치열한 직장 생활에서 위기를 기회로 만들려면 어떻게 해야 할까요?

하루하루를 스스로 한계를 뛰어넘는 훈련의 시간으로 삼아야 합니다. 단순히 주어진 일만 수동적으로 하면서 하루를 무의미하게 보내는 것이 아니라 하루하루의 삶을 컨텐츠^{내용} 있게 만들고, 그것을 통해서 자신만의 독특한 가치관을 어떻게 만들어낼까 고민해야 합니다.

또한 매일매일의 직장 생활을 끊임없는 도전의 기회로 삼아야 합니다. 새로운 기회를 찾고 그 기회를 포착하는 훈련이 항상 이루어져야 합니다.

이승엽이나 박찬호 같은 프로 선수들은 한 경기 한 경기에 전력을 다합니다. 또 기량을 높이기 위해 끊임없이 노력합니다. 그런 노력이 있었기에 위기가 오더라도 잘 극복하여 오늘에 이른 것입니다. 매사에 전력 질주하고 최선을 다할 때 위기를 극복할 수 있습니다.

09.

위기의 요인과 기회의 요인을 찾아라

　세상이 바뀌듯이 우리가 하는 일도 변화할 수밖에 없음을 인정해야 합니다. 그리고 그 변화를 읽는 데에 우리의 시간과 비용과 에너지의 일정 부분을 투자해야 합니다. 그렇게 함으로써 변화를 제대로 읽을 수 있습니다. 또한 그 변화 속에서 우리의 존재감을 보여주어야 합니다.

　변화를 읽고, 그 변화에서 자신의 위치를 발견하는 과정에 무엇보다 중요한 것은, '나는 미래를 어떻게 준비하겠는가?' 하는 질문을 스스로에게 던지고 답을 구하는 것입니다. 이것만큼 위기를 만난 우리들에게 절실한 질문은 없을 것입니다.

　그런데 자기 사업을 하는 사람들은 대체적으로 이런 질문에 익숙해 있습니다. 이들은 보수를 받고 생활하는 사람들과는 달리 항상 주변을 예리하게 관찰하고 세상을 요리저리 살피면서 기회를 찾습니다.

당신이 봉급생활자이든 사업가이든 현재 자신이 갖고 있는 역량의 강점과 단점을 제대로 알고 있어야 합니다. 단점 때문에 막연하게나마 불안을 느낀다면 애써 외면하려고 해서는 안 됩니다. 단점이 있고, 그 단점이 치명적인 것이라면 정면으로 주시할 수 있어야 합니다. 정면으로 주시할 때 대안이 떠오릅니다.

... ★ ... 위기에 강해지려면

1908년 세워진 제너럴모터스GM는 그야말로 미국의 대표 자동차 회사로 100년 동안 성장하면서 시장 점유율이 50%까지 육박했습니다. 이러한 성장은 1970년대까지 계속되었으나 2000년대에 들어서면서 28%로 추락했습니다. 이렇게 자존심이 구겨진 원인은 관료주의와 느릿느릿한 의사결정에 있었습니다.

2002년 12월, GM 회장으로 취임한 릭 왜고너Rick Wagoner는 '크고 바르게'라는 모토를 내걸고 회사의 위기 타파를 위해 팔을 걷어부쳤습니다. 그는 위기 돌파의 무기로 신기술 개발과 디자인을 꼽았습니다. 자동차 기술이 엇비슷한 시대에 그는 수소를 연료로 하는 미래형 차 '하이와이어'를 개발했습니다. 대체에너지로 승부를 건 것입니다. 또한 상상하기 어려운 디자인의 자동차를 생산하여 세상을 놀라게 했습니다. 기능을 뛰어넘어 '보는 차'라는 슬로건을 내세워 디자인을 개선했던 것입니다. 이러한 일련의 노력을 통해 마침내 GM은 위기를 극복하게 되었습니다.

CEO 역시 일종의 봉급생활자입니다. 그러나 그는 위기의 절박함과 절실함을 느껴 새롭게 사고하고 연구하여 위기를 극복한 CEO가 되었습니다.

... ★ ... 위기의 요인을 보라

일본 제품에 밀려 고사 직전에 있던 스위스 시계를 살린 스위스 시계 제조업체가 있습니다. 스와치Swatch는 위기의 요인과 기회의 요인을 제대로 파악한 대표적인 기업이라고 할 수 있습니다.

스위스의 SSIH와 ASUAG는 1970년대 전반까지만 해도 세계 시계 시장에서 선두를 달렸으나 후반기 들어 일본의 저렴하고 성능 좋은 전자시계 세이코가 시장을 잠식했습니다. 스위스의 시계산업은 큰 타격을 입었고 세계 최대의 시계 제조업체였던 두 회사 SSIH와 ASUAG는 파산 위기에 직면했습니다.

1979년에 하이엑 엔지니어링의 CEO이자 기업 컨설턴트였던 니콜라스 하이엑Nicolas G.Hayek이 두 회사의 해결사로 투입되었습니다. 그는 두 회사가 합병할 것과 첨단기술과 예술성을 접목시킨 저가의 신제품을 개발할 것을 제안했습니다. 1983년 SSIH와 ASUAG는 합병하여 ASUAG-SSIH를 설립했고 니콜라스 하이엑이 새 회사의 CEO가 되었습니다.

그해에 첫 번째 스와치 플라스틱 시계가 출시되었습니다. 부품 수와 조립공정을 줄여 생산원가를 절감하고, 화려한 색상과 초현대적 감각의 예술적인 디자인으로 스와치 시계를 만든 것입니다. 스와치 시계는 크게 히트했고 이로 인해 회사는 기사회생했습니다.

스와치라는 브랜드명은 두 번째 시계라는 뜻의 영어 'second watch'를 줄여서 만들었는데, '두 번째 별장은 가지면서 왜 두 번째 시계는 갖지 않으세요?'라는 문구를 광고 슬로건으로 사용했습니다. 1985년에는 회사명을 SMH로 변경했고 1998년에 현재의 이름인 스와치 그룹으로 변경했습니다.

스와치 시계는 현재 세계시장 점유율 25퍼센트를 차지하고 있습니다.

위기의 요인은 무엇인지, 그리고 기회는 언제인지 항상 우리 자신에게 물어보고, 그 질문에 대한 답을 적극적으로 찾아야 합니다. 또 기회를 잡기 위해서는 어떻게 해야 할지, 위기가 닥쳤을 때 어려움에 처하지 않기 위해서는 무엇을 해야 할지를 생각해야 합니다.

개인적으로는 경력을 어떻게 관리해나갈지에 대해 생각해야 합니다. 그래서 미래를 위해 보다 적극적으로 계획을 세우고, 자기계발 및 투자 계획을 세워야 합니다.

그런 생각을 깊이 해보지 않은 사람들에게는 세상은 천천히 변하는 것으로 보일 것입니다. 그들은 준비도 없이 하루하루를 보내면서 세상과 동떨어진 생각을 하다가 어느 날 갑자기 위기가 닥치면 감당을 못해 허둥거리다가 위기에 지고 맙니다.

변화에 대응하고 미래를 준비할 수 있는 주역은 바로 우리 자신입니다. 변화의 사이클은 점점 짧아집니다. 과거에는 한 분야를 공부하면 10년 정도는 그걸로 먹고살았습니다. 그러나 지금은 5년 정도마다 근본적인 수정을 해야 할 정도로 세상이 바뀌고 있습니다.

변화의 흐름을 막을 수 있는 사람은 없습니다. 때문에 이러한 현실을 속히 자신의 문제로 받아들여야 합니다. 변화는 회사나 기업의 문제가 아니라 자신의 문제임을 인식해야 합니다.

위기를
대비하는 방법

01.

바다를 바라보는 개구리가 되라

시야가 좁은 사람들을 가리켜 우물 안의 개구리와 같다고 합니다.

우물 안의 개구리는 우물 밖에 있는 푸른 잔디와 그곳에서 뛰노는 동물들이나 맑은 시냇물 등의 넓은 천지를 모릅니다. 그들의 세계는 우물이 전부이며, 판단하는 기준도 우물밖에 없습니다.

어느 날, 우물 안의 개구리들이 자신들이 보는 하늘의 크기에 대해서 논쟁을 벌였습니다. 하늘은 그저 자신들이 보는 정도의 크기밖에 안 된다고 주장한 개구리가 이겼습니다.

다음 날, 바람에 날려 나뭇잎이 우물 안으로 떨어졌습니다. 개구리들은 모두 놀라 나뭇잎의 정체에 대해서 논쟁을 벌였으나 결론을 내리지 못했습니다. 누구도 그것이 무엇인지 모르니 그럴 수밖에요.

그런데 호기심이 많고 용감한 개구리 한 마리가 물을 긷기 위해

내려오는 두레박을 타고 우물 밖으로 나갔습니다. 그 개구리는 바깥 세상을 보고 까무러치게 놀랐습니다. 파란 하늘과 뭉게구름, 눈부신 태양, 시원한 바람, 그리고 아름답게 지저귀는 새들의 노랫소리 등 우물 안에서는 도저히 상상하지 못했던 세상이 눈앞에 펼쳐진 것입니다.

개구리는 숲속으로 길게 뻗어 있는 오솔길을 따라가는 동안 길가에 핀 아름다운 꽃을 보았고, 개울도 만났습니다. 맑은 물속에서 떼를 지어 다니는 커다란 물고기들도 보았습니다. 모두 하나같이 신기한 것들뿐이었습니다.

그렇게 처음 보는 아름답고 평화로운 세상을 구경하다가 돌연 방울소리와 함께 뱀을 만났습니다. 그래서 죽을힘을 다해 도망쳐서 겨우 목숨을 건졌는데 이번에는 독수리가 잡아먹으려고 달려들었습니다. 이제 개구리는 우물 밖에는 좋은 것도 있는 대신 위험도 존재한다는 것을 알았습니다.

고 이병철 삼성그룹 회장은 1965년 5월에 일본으로 건너가 산요전기의 이우에 도시오井植歲男 회장의 안내로 도쿄에 있는 전자단지를 시찰하였습니다. 40만 평이 넘는 공장에서 텔레비전 수상기, 냉장고, 에어컨 등 전자제품이 쏟아져나오는 것을 보고 이병철 회장은 입을 다물지 못했습니다.

크게 자극을 받은 그는 귀국하자마자 박정희 대통령을 만나 앞으로 전자산업이 나라를 먹여살릴 것이니 그를 육성해야 한다고 강력히 건의했습니다. 그리하여 삼성전자, LG전자 공장이 세워져 오늘날과 같이 발전하게 되었습니다. 이병철 회장이 우물 밖의 세상을 본 개구리처럼 드넓은 세계로 나아가 직접 경험하고 일군 결과라고 할 수 있습니다.

위기에 대비하려면 먼저 넓은 바다를 바라보는 개구리처럼 견문을 넓혀야 합니다.

... ★ ... 위기는 항상 존재한다

자신보다 못한 사람들만 바라보며 자기만족에 빠져서 자신이 최고라는 자만에 빠지는 사람이 있습니다. 한마디로 우물 안의 개구리처럼 자기 앞에는 항상 평탄한 삶만이 놓여 있는 줄로 착각하고 아무런 대비도 없이 생활합니다. 그러다가 뱀이나 독수리를 만나면 그대로 끝이 되어버립니다.

현대사회는 예전처럼 서로 돕고 마냥 원원하는 게 아니라 치열하

제로섬 사회zero-sum社會. 경제 성장이 멈추어 이용 가능한 자원이나 사회적 부의 총량이 일정해져서 한 가지 문제를 해결하려고 하면 반드시 다른 이해와 충돌되는 일이 일어나는 사회. 사회가 제로 성장에 빠지게 되면, 에너지 · 환경 · 인플레이션 따위의 까다로운 문제를 해결하는 데에 어려움을 겪게 되는데, 이를 타개하기 위해서는 저축을 투자에 결부하여 소비를 억제하는 세제稅制를 도입하여 경제 성장률을 높여야 한다. 미국의 경제학자 서로Thurow,L.C.의 저서 제목에서 따온 용어이다.

게 경쟁하다가 어느 한쪽이 이기면 다른 한쪽은 패하고 마는 제로섬 사회*입니다. 따라서 위기는 언제나 있습니다. 정도와 범위의 차이가 있을 뿐입니다.

02.

현재에 안주하지 마라

필자는 '현재가 역사상 가장 좋은 시기'로 평가받았던 때는 한 번도 없었다고 생각합니다. 위기는 항상 존재한다는 뜻입니다.

남북이 대치하고 있고 천연자원도 별로 없어 외국의 경제에 많은 영향을 받는 우리나라는, 정치나 경제적으로 항상 위기였고, 지금도 그렇다고 해도 과언이 아닐 것입니다. 그럼에도 불구하고 우리나라가 이만큼 발전한 것은 늘 위기에 대비해왔기 때문입니다.

발전은 현재에 만족하여 안주하지 않고 더 나은 내일을 위해 노력하는 사람들에 의해서 이루어집니다. 현재에 만족하는 사람들에게서는 더 나은 발전을 기대할 수 없습니다. 만족하여 방심하면 그 순간 동력은 멈추어버립니다. 문제의식과 위기의식을 느낄 때 발전이 시작됩니다.

미국 속담에 '알고 지내는 악마가 낫다'는 말이 있습니다. 변화보다는 지금 상태가 좋다는 의미입니다. 즉, 사람들은 변화를 받아들이기보다는 현실에 안주하기를 좋아합니다. 직장인들 중에 현실을 뛰어넘는 목표를 가지고 현실을 타파하기 위해 끊임없이 노력하는 사람은 겨우 3퍼센트밖에 안 된다는 통계가 있습니다. 직장인이라면 대부분 현실에 안주하기를 바란다는 방증이라고 하겠습니다.

섭씨 15도의 물이 담긴 실험용 비커에 살아 있는 개구리를 넣은 다음 서서히 온도를 높이면 개구리는 어떤 반응도 보이지 않습니다. 그러다가 물이 45도가 되면 개구리는 마침내 죽고 맙니다.

이와 반대로 처음부터 45도의 물에 개구리를 집어넣으면 죽을힘을 다해 비커 밖으로 뛰쳐나와 살아남습니다. 물을 서서히 덥히면 위기의식을 느끼지 못하고 현실에 안주하다가 죽고 말지만 처음부터 뜨거우면 위기의식을 느낀 개구리는 살아남기 위해 발버둥을 쳐 기어코 살아남는 것입니다.

세계를 제패한 몽고의 영웅 칭기즈칸은 "성을 쌓고 사는 자는 망하지만 목표를 가지고 이동하는 자는 살아남는다"라고 말하였습니다. 진시황제는 중국 통일이라는 위대한 업적을 남겼습니다. 그러나 분서갱유라는 악행도 저질렀지요. 이후 말년까지 그는 특별한 업적도 없이 현실에 안주하여 성을 쌓고 들어앉았습니다. 결국 그는 생명을 더 연장하려던 장수長壽의 꿈을 이루지 못하고 죽었습니다. 그런데 칭기즈칸은 유목민으로, 변방의 자기 민족에게 세계정복이라는 위업을 남겨주었습니다. 칭기즈칸의 말이 옳다는 것을 다시 한

번 느끼게 해주는 실례입니다.

　위기를 감지하고 예방하는 사람은 현재의 성과가 기대치 이상이더라도 그에 만족하여 안주하지 않고 목표를 향해 전진합니다.

　가장 호황기에 불황의 씨앗이 자라고, 가장 어려울 때에 희망이 싹틉니다. 현실에 만족하는 사람은 언제든지 위기가 올 수 있다는 생각을 하지 못합니다. 현실에 만족하지 않고 도전하는 자만이 위기를 극복할 수 있습니다.

03.

고정관념을 깨라

누구나 생각할 수 있는 것을 떠올리는 것은 가장 안전한 방법입니다. 그러나 위기 때는 그 방법이 통하지 않습니다.

최근 사회는 매우 빠르게 변하고 있습니다. 또 전 세계가 밀접하게 연결되어 있어서 그리스, 이탈리아 등 유럽 국가에서 발생한 경제 위기가 곧 세계의 위기가 되고 그 영향이 우리나라에도 미칩니다. 바다 건너 남의 나라의 위기라고 해서 손 놓고 불구경하듯이 바라볼 수만은 없는 시대가 된 것입니다. 이러한 시대에 지금까지 해 오던 방식대로 일을 해서는 위기를 극복할 수 없습니다.

지금까지의 방식대로, 혹은 누구의 지시에 따라 움직인다면 처음에는 손에 익어 있어서 제대로 움직여질 것입니다. 그러나 위기라는 비상시에는 지금까지와는 다른 새로운 방식이 필요합니다. 상식과 통념을 깨는 새로운 방식이 필요하다는 말입니다.

... ★ ... 사마광의 재치

중국 송나라 시대의 이야기입니다. 어른들이 일터로 나간 사이 아이들 여럿이 모여 놀다가 물이 가득 들어 있는 커다란 항아리를 발견했습니다. 호기심에 그 속을 들여다보려다가 한 아이가 그만 항아리 안으로 빠지고 말았습니다. 물속에서 허우적거리는 친구를 보고 아이들은 어쩔 줄 몰라 했습니다. 그대로 조금만 더 두었다가는 큰일을 당할 게 뻔했습니다.

그때 한 아이가 소리쳤습니다.

"야, 누구 빨리 돌멩이를 가져와!"

누군가 돌멩이를 가져오자 그는 즉시 그것을 던져 항아리를 깨뜨렸습니다. 다른 아이들이 자기들 키보다 높은 항아리의 입구를 통해 친구를 건져내려 우왕좌왕하는 사이 고정관념을 깬 그 아이의 순간적인 재치가 한 생명을 구한 것입니다. 그 아이가 바로 나중에 어른이 되어서 《자치통감》을 쓴 사마광이었습니다.

위기에서는 이렇게 관점을 바꾸고 유연한 사고를 가져야 합니다.

고정관념을 버리지 못하여 실패한 예로 벼룩의 행동을 들 수 있습니다. 우리 속담에 '뛰어봤자 벼룩이다'라는 말은 벼룩을 얕잡아보고 하는 말입니다. 벼룩은 곤충의 외골격에 함유된 구조단백질인 레

실린이 있어 탄성이 뛰어나 자신의 키보다 수백 배 되는 높이를 뛸 수 있습니다. 사람으로 치면 63빌딩을 단번에 뛰어넘는 것입니다. 이렇게 잘 뛰는 벼룩도 유리병에 가두어놓으면 처음 얼마 동안은 탈출하기 위하여 열심히 뛰어보지만 지치면 그만 체념해버립니다. 그래서 뚜껑을 열어주어도 뛰쳐나올 생각을 하지 않습니다. 뛰어봤자 소용이 없다는 고정관념에서 벗어나지 못하기 때문입니다.

얼마 전까지만 하더라도 패션광고에는 유명한 연예인을 등장시켜 브랜드에 대한 호감과 동경을 불러일으키는 것이 가장 최선의 방법이라고 생각했습니다. 그런 방식은 거의 불문율이었으며 전통적 고정관념이었습니다.

그런데 이탈리아의 세계적인 패션 그룹 베네통은 이런 고정관념을 깨뜨려 불황을 극복했습니다. 그들은 에이즈 환자의 임종장면이나 전쟁에서 총을 맞고 사망한 병사들의 피 묻은 옷, 탯줄도 채 자르지 않은 신생아의 모습을 광고로 보여주었습니다. 고정관념을 깨뜨리는 파격적인 전략이었습니다. 이런 특이한 광고를 통해서 그들은 브랜드를 알림과 동시에 자신들이 전쟁을 반대하고 생명을 중시한다는 이미지를 심어주었고 대중의 관심을 끄는 등 그 효과를 톡톡히 누렸습니다.

위기를 극복하기 위해서는 고정관념을 깨야 합니다.

04.

미래를 바라보는 안목을 키워라

위기에 대비하기 위해서는 미래를 내다보는 안목이 있어야 합니다. 일본 최고의 경영 컨설턴트 간다 마사노리는 다음과 같이 말했습니다.

"구십구 퍼센트의 인간은 현재를 보면서 미래를 예측하고, 일 퍼센트의 인간은 미래를 내다보면서 지금 어떻게 행동해야 할까를 생각한다. 그런데 대부분의 사람들은 이 일 퍼센트의 인간을 이해하기 어렵다고 말한다. 그러나 성공하는 부류는 바로 일 퍼센트의 사람들이다."

위기를 극복하기 위해 가장 중요한 것은 보통 사람들이 보지 못하는 미래에 대한 예측 능력입니다. 그런데 미래를 예측하는 안목을 가진다는 것은 매우 어려운 일입니다. 그렇지만 자신이 현재 하는 분야에서 현재 하고 있는 일에 몰입하게 되면 미래를 보는 시각이 조금씩 열리게 됩니다. 위기를 대비하는 인재는 일을 건성으로 하지 않고 열과 성을 다해 몰입함으로써 보통 사람들과 다르게 미래를 보는 혜안을 얻게 되는 것입니다.

대부분의 사람들은 현재의 모습이 변함없이 그대로 지속되리라고 생각합니다. 오늘이 어제의 연속이라면 내일도 변함없이 오늘의 연장이라고 생각합니다. 그들 역시 세상은 변한다고 말은 하면서도 속으로는 지금 상태가 계속되리라고 생각하고 그에 맞춰 행동할 뿐 미래에 닥칠 위기를 준비하지 않습니다.

세상은 변합니다. 변하지 않는 것이 없습니다. 좋은 시기가 언제까지고 계속될 수 없으며, 나쁜 시기 또한 끝까지 계속되지는 않습니다. 따라서 남들이 태평성대라고 할 때 앞으로 닥쳐올 위기의 태동을 볼 줄 알아야 하며, 바닥을 치는 어려운 시기에도 밝은 미래를 예측할 수 있어야 합니다.

1867년 미국 정부는 제정러시아로부터 알래스카를 720만 달러에 사들였습니다. 현재 우리나라 돈으로 약 80억 원 정도로, 강남의 고급아파트 한 채 값입니다. 알래스카의 땅 크기는 미국 본토의 5분의 1에 해당하지만 그 당시에는 불모의 땅이었습니다. 따라서 당시 미국 의회에서 강력한 반발이 있었고, 국민들의 반대 여론 또한 압도적이었습니다. 때문에 알래스카 매입은 의회에서 단 한 표 차로 가까스로 통과될 정도였습니다.

제정러시아에서는 쓸모없는 불모지를 비싸게 잘 팔았다고 해서 당시 협상단에게 보너스까지 지불하였습니다. 반면에 미국에서는 협상을 주도한 국무장관 윌리엄 시워드를 '바보 장관'이라고 조롱했습니다. 그러나 그곳에 금광과 엄청난 양의 석유와 가스가 매장되어 있는 것이 확인되고 군사적으로도 중요한 전략지로 각광받게 되자, 시워드에 대한 모든 언론들의 평가는 180도 급선회하였습니다. 각종 매스컴이 윌리엄 시워드에게 미래를 내다보는 높은 안목을 가진 인물이라는 찬사를 아끼지 않은 것입니다.

오늘날 삼성그룹을 이끌고 있는 이건희 회장의 힘은 무엇보다도 미래를 예측하고 대비할 줄 아는 통찰력에 있다고 할 수 있습니다. 다른 기업의 총수나 회장들도 마찬가지겠지만, 이 회장은 특히 항상 미래를 내다보고 대비합니다. 그가 한 말 모두가 현재에 대한 진단이 아니라 10년 내지 미래를 위한 주문이었습니다. "앞으로 십 년 후의 먹을거리를 준비하지 않으면 삼성은 망한다"는 식의 발언은 너무나도 유명한 말입니다.

이처럼 훌륭한 리더는 미래를 예측하고 대비할 줄 압니다.

05.

변화의 속도를 읽어라

지구상에서 우리나라처럼 빠르게 변하는 국가도 드물 것입니다. 변화의 속도가 우리가 피부로 느끼는 것 이상으로 빨라서 앞을 예측하기가 참으로 힘듭니다. 휴대전화는 말할 것도 없고, 디지털 카메라의 변천사를 보면 그 속도를 짐작할 수 있습니다.

디지털 카메라는 미국과 일본에서 제작되어 전세계로 전파되었는데, 그 기술이나 디자인이 유행에 매우 민감합니다.

그런데 일본의 디지털 카메라 대표 브랜드인 니콘은 새로운 모델의 신제품을 발표할 때 일본이 아닌 우리나라에서 하는 경우가 많습니다. 그것은 국제적으로 디지털 카메라 제작사들이 우리나라에 관심이 많다는 증거입니다.

우리나라 소비자들은 2년에 한 번씩 디지털 카메라를 교체하고 있습니다. 카메라에 어울리는 렌즈의 수요 역시 폭발적이지요. 또한 국내 온라인 커뮤니티 수는 1천만 개 이상이며, 네이버와 다음을 주축으로 하는 동호인 모임이 하루에도 몇 개씩 형성되고 있습니다.

우리나라에서 게임이 문화화된 지는 얼마 되지 않았는데, 프로 게임단이 창설되고 군대에서까지 게임을 권장하고 있습니다. 이런 나라는 드물지요. 예전에는 대학생들이 여가를 보내기 위해서 당구장으로 갔으나 이제는 피시방으로 갑니다.

우리나라는 6.25전쟁으로 폐허가 되는 바람에 다른 나라보다 늦게 산업화를 시작했으나 그 진행 속도는 세계에서 가장 빠릅니다. 다른 나라에서 수백 년 동안 진행되어온 산업화가 우리나라에서는 50년도 채 안 되는 사이 농경, 산업, 정보, 지식 면에서 두드러진 성장세를 보인 것입니다. 그런데 전문가들은 더 짧은 기간에 사업의 지각변동이 있을 것이라고 말합니다. 디지털 시대가 되면서 변화의 속도가 더 빨라져 이제는 정말 눈 깜짝할 사이에 코를 베어가는 세상이 온 것입니다. 이렇게 급변하는 세상에서 변화의 속도를 읽지 못하면 위기를 맞게 되는 것은 당연합니다.

변화의 흐름을 읽고 미리 대비한 CEO로, 핀란드의 경제 대통령으로 표현되고 있는 노키아의 요르마 올릴라Jorna Jaakko Ollila 회장을 들 수 있습니다. 그는 위기에 빠진 노키아를 구원해 후진국이었던 핀란드를 선진국 대열로 이끈 인물입니다.

그는 통신시장의 전망이 매우 밝을 것으로 예측하였습니다. 그리고 이에 뒤지지 않기 위해서는 브랜드 관리가 중요하다는 것을 깨달았습니다. 그리하여 그는 3M의 마케팅을 담당하던 안시 바뇨키를

스카우트하여 노키아의 브랜드 전략을 짜도록 합니다. 바뇨키는 벤츠, 필립 모리스, 나이키 등을 벤치마킹 대상으로 연구한 후 제품 개발에서부터 애프터서비스까지 모든 단계를 철저하게 브랜드에 입각하여 계획을 수립했습니다. 이것이 바로 '노키아 25년 브랜드 플랜'입니다.

그는 1992년 뉴욕 증시 상장 이후 전 매출의 3퍼센트에 해당하는 9억 달러를 홍보에 쏟아부었습니다. 이런 노력 덕분에 비즈니스위크가 선정한 브랜드 가치에서 노키아는 제너럴일렉트릭, 인텔과 비슷한 7위를 기록했습니다. 또한 올릴라의 첫 작품 '노키아 2110' 모델은 '1994년 최고 신제품'으로 선정되었습니다.

이동전화시장에 뛰어든 지 2년 만에 23억 달러의 이익을 올리며 순항을 시작한 노키아는 '노키아 2110' 모델을 계기로 세계적 이동통신회사로 부상했습니다. 그리고 성장 탄력이 붙은 노키아는 1999년 모토롤라를 제치고 세계1위의 휴대전화 제조업체에 오릅니다.

그는 한 경제지와의 인터뷰에서 "높은 브랜드 인지도가 매출에 절대적으로 영향을 준다"라고 주장했습니다. 그가 이렇게 과감하게 투자할 수 있었던 것은 변화의 흐름을 읽을 수 있었기 때문입니다.

변화의 속도를 읽기 위해서는 어떻게 해야 할까요?
정보를 통해서 세상의 변화를 읽어야 합니다. 변화를 읽기 위한 노력을 게을리해서는 변화의 속도를 절대 알 수 없습니다.
이러한 사회적 환경의 변화 속에서 반드시 해야 할 일은 특정 주제에 대한 전문지식 및 기술을 갖추고, 일반적으로 잘 알려져 있지 않은 돈 되는 정보들을 적기에 찾아내 활용하는 방법을 배우는 것입니다.

정보는 여러 경로를 통해 얻을 수 있습니다. 사람을 통해 얻을 수도 있고, 인터넷을 통해 얻을 수도 있고, 책을 통해 얻을 수도 있습니다.

현재 우리 사는 세상에 정보는 넘쳐나고 있습니다. 정보가 없어서 아무것도 시도하지 못했다는 핑계를 대거나 그저 생각없이 손을 놓고 있다면 당신은 자신의 게으름부터 고쳐야 할 것입니다.

전문가적 안목을 키워라

　오늘날처럼 복잡하고 변화가 빠른 시대에 무지로 인해서 위기를 자초하는 경우가 많습니다. 따라서 자기가 종사하는 분야에 대해서는 물론이고, 여러 방면에 걸쳐 최소한의 기본 지식이 필요합니다. 우리 속담에 '알아야 면장을 한다'는 말이 있듯이 제대로 알지 못하면 직원이나 사람을 부릴 수가 없습니다.

　명화 〈모나리자〉를 그린 레오나르도 다빈치는 화가이자 조각가이며, 발명가, 건축가, 식물학자, 도시계획가였습니다. 인류 최초로 비행을 했던 라이트 형제의 비행기 설계도도 다빈치에 의해 처음으로 이루어졌습니다. 그와 동시대를 살았던 미켈란젤로 역시 〈천지창조〉와 〈최후의 심판〉을 그린 화가이자 유명한 대리석 작품 〈다비드〉를 조각한 예술가이며 건축가이고 시인이었습니다.

미국 건국의 아버지인 벤저민 프랭클린도 정치가이며 발명가이고 작가이자 화가였습니다. 또 제2차 세계대전을 승리로 이끈 영국의 처칠도 정치가이며 노벨문학상을 받은 문인이었습니다.

이처럼 여러 방면에서 놀라운 업적을 쌓은 사람을 르네상스형 인간이라고 합니다. 그들의 특징은 다양한 관심사를 추구하는 데서 삶의 보람과 의미를 찾는다는 것입니다. 도전과 변화를 사랑하고 다방면에 열정을 보입니다. 생소한 주제나 낯선 상황에서도 두려워하지 않고 도전하는 사람들입니다.

우리 선조들은 '한 우물을 파라'라고 가르쳤습니다. '두 마리 토끼 잡으려다가 한 마리도 못 잡는다'는 교훈, 즉 우리 식으로 말하자면 '게도 구럭도 다 잃는다'는 것을 피하라는 의미였습니다. 이것은 전문성이 없게 되는 것을 경계하는 말이지만 오늘날처럼 복잡한 시대에는 어느 한 분야에만 뛰어난 지식이 있다고 해서 무조건 성공할 수는 없습니다. 또 위기 역시 예기치 않게 의외의 분야에서 생기는 경우가 많습니다. 자기 전문 분야가 아니라고 해서 문외한이 되어서는 위기를 극복할 지혜를 얻을 수 없습니다.

지금은 르네상스형 인간이 되어야 합니다. 자신의 분야뿐만 아니라 다른 분야에도 지식을 갖춘 사람이 필요합니다. '이 분야는 내가 전문가가 아니니까 당신 의견대로 하지' 하는 사람이 조직에서나 기업에서 큰일을 맡게 되면 일을 망칠 것은 자명하며, 위기가 닥쳤을 때 헤쳐 나갈 능력이 없습니다.

바야흐로 분업과 전문화의 시대를 지나 통합과 다양화의 시대입니다. 따라서 전문가의 의견만으로는 조화되지 못하는 경우가 많이 생깁니다. 그리고 전문가도 자기 분야뿐만 아니라 다른 분야에 대한 관심과 지식을 가지고 있어야 진정한 인재가 됩니다.

전문가는 특정 분야의 지식과 경험이 많아 순식간에 남이 못 보는 것을 잡아내는 능력이 있습니다. 자신만의 전문적인 인식 방법이 있기 때문입니다. 그런데 이러한 인식 방법 때문에 같은 전문가라도 동일한 사안에 대해 다른 결론을 내리는 경우가 있습니다. 이렇게 전문가들이 내린 결론만으로는 시행에 차질이 생길 때를 '전문가의 저주'라고 합니다. 이런 저주는 특히 위기 상황 때 더욱 자주 일어납니다. 그것은 위기 상황이 되면 냉정함을 잃고 그 위기만 모면하려는 편협한 생각을 하기 때문입니다.

위기를 만났을 때에는 전문가적 시각을 넘어 종합적인 시각으로 전문가들의 의견과 지식을 평가하고 들을 수 있어야 합니다.

... ★ ... 전문가적인 생각이 위기를 기회로 보게 한다

최근 유로존의 위기와 북한의 정치적 불안정 사태를 원인으로 앞으로 몇 년간 경제 전망이 어두울 것이라고 판단했다면 현재 보유하고 있는 주식을 내다 파는 것이 상식입니다. 그런데 워런 버핏은 이런 상식을 깼습니다.

일반적으로 갑작스러운 경제 위기나 국가 간 분쟁이 생기면 앞으로 경제가 어려울 것이라는 전망을 하고 현재 소유하고 있는 주식을 팔아버리는 것이 보통 사람들의 생각입니다. 그러나 워런 버핏은 위기가 곧 기회라고 판단하고 우량주 중심으로 주식을 사들였다가 주가가 다시 원상태로 돌아가면 팔아서 막대한 이익을 챙깁니다. 이런 상식을 깰 수 있었던 것은 그가 전문가적으로 생각할 수 있었기 때문입니다.

잘나가던 국내 굴지의 패션회사에서 신규상품개발팀장으로 승승장구하던 노정호 씨는 회사가 위기에 처하자 해고당하고 말았습니다. 그는 먹고살기 위해서 자존심을 버리고 동대문시장에 두 평짜리 조그마한 가게를 얻어 옷 장사를 시작했습니다. 아는 것이라고는 옷뿐이었기 때문이죠. 당시 월 400만 원짜리 월급쟁이가 하루에 300만 원치 옷을 팔자 생각을 달리하기 시작했습니다. 천박한 옷만 판다고 생각했던 동대문시장이었는데, 편견이 완전히 깨진 것입니다. 그제야 그는 진정 자신이 위기에 놓여 있다는 것을 깨달았습니다.

"시장이야말로 가장 합리적이고 정직한 곳이라는 것을 느꼈습니다. 브랜드, 마케팅, 학벌, 아무 것도 상관없고 오직 매장 제품에 따라 잘되기도 하고 망하기도 하거든요."

깊이 깨달은 그는 자신의 디자인 실력을 발휘해 청바지에 도전하였습니다. 전문가적 지식이 있었기에 그런 생각을 하게 되었고, 위기를 극복하려고 하자 아이디어가 떠오른 것입니다.

청바지 가격을 다른 회사 제품과 비교해서 좀 비싸게 하였습니다. 고가전략을 쓴 것이죠. 비싸더라도 제품만 좋으면 승산이 있다고 생각한 것입니다.

처음 1년 동안에는 비싼 가격 때문에 판매가 부진해 무척 고생했습니다. 그러나 얼마 후 날개 돋친 듯 팔려나갔습니다. 자신감을 얻은 그는 글로벌 패션 브랜드를 만들겠다는 꿈을 안고 미국으로 건너갔습니다.

그가 미국에서 만든 청바지 브랜드 '블루노치'는 미국 백화점에서도 인기리에 팔리는 등 한때 잘나갔으나 미국 발 금융위기가 그의 발목을 잡았습니다.

2010년, 그는 할 수 없이 미국 사업을 접고 귀국했습니다. 미국에서 실패했지만 그의 뛰어난 디자인과 시장 바닥에서 배운 노하우를 높게 산 신세계인터내셔날이 그를 새 브랜드 '30데이즈마켓'의 크리에이티브 디렉터로 영입했습니다.

그는 자신이 갖고 있던 지식으로 위기를 기회로 만들어 성공한 대표적인 인물이라고 할 수 있습니다. 그는 "만약 해고당하지 않았더라면 오늘날의 자신이 존재할 수 없었을 것"이라고 말했습니다.

위기를 만났을 때 먼저 자신이 무엇에 대해서 다른 사람보다 전문적으로 잘 알고 있는지를 파악해야 한다는 것, 잘 알고 있는 그것으로 승부를 걸어야 위기를 슬기롭게 극복할 수 있다는 것을 노정호 씨는 잘 보여주었습니다.

위기를
대비하기 위한
합당한 행동

01.

잘나갈 때 자신을 경계하라

《주자십훈朱子十訓. 사람이 평생을 살아가면서 하기 쉬운 후회 가운데, 중국 송대의 유학자 주자가 제시한 열 가지 해서는 안 될 후회》에 '편안할 때 어려움을 생각하지 않으면 실패한 뒤에 뉘우친다'라는 가르침이 있습니다. 또 한비자는 '큰 둑도 개구멍으로 무너지고, 큰 집도 굴뚝 틈의 작은 불똥으로 타버린다'고 했습니다.

세상에 변하지 않는 것은 없습니다. 세계를 지배하던 로마제국도 멸망하였고, 절대 없어지지 않을 것 같던 세계적인 기업도 하루아침에 부도를 내고 사라집니다. 사막에 핀 상상의 꽃이라며 전세계적으로 칭송받았던 두바이도 채무 불이행으로 세계 금융위기의 주범이 되었습니다.

골프 황제 타이거 우즈는 프로 입문 다음 해인 1997년 세계 최고의 골프 대회인 마스터스 토너먼트에서 21세의 최연소 나이로 2위와 사상 최소 타수인 12타로 우승을 거두었습니다. 드라이버는 300야드를 넘어가고, 퍼트는 모조리 들어가는 신기에 가까운 실력을 보여주어 사람들을 열광하게 했습니다.

그러나 그는 이에 머물지 않고 "지금의 스윙으로는 한두 번은 우승할 수 있겠지만 장기적으로는 살아남기 어렵다"고 말하면서 스윙을 교정했습니다. 그리하여 마침내 골프 황제가 되었습니다. 정상에서 위기를 본 것입니다.

잘나갈 때 교만해지고 경쟁자들을 우습게 알며 자신을 경계하지 않다가 대중의 기억에서 사라지는 사람들이 많습니다. '이 정도면 됐다'고 만족하는 순간부터 위기가 찾아옵니다. 거기에 우월감과 교만까지 더해진다면 현재의 상태도 유지 못하고 망해버립니다.

정상에 있을 때 더욱 자신을 돌보고 조심하는 사람이 위기가 왔을 때 조직과 자신을 지킬 수 있습니다.

칼리 피오리나Carly Fiorina는 1980년 25세의 나이로 AT&T 장비부문인 네트워크 시스템 영업사원으로 입사했습니다.

얼마 지나지 않아 그녀는 '놀랍도록 재기 발랄한 두뇌'라는 평가와 함께 발군의 비즈니스 역량을 인정받기 시작했습니다. 한국·대만·일본 같은 아시아 지역에서의 합작사업을 훌륭히 성사시키고 덩치만 비대했던 가전산업을 과감히 정리한 것입니다.

이후 피오리나는 35세에 AT&T 네트워크 부문 최초의 여성임원에

오르고 40세엔 북미 영업 담당 이사로 승진하는 기록을 세워나갔습니다. 1996년, AT&T는 그 무렵 기업 구조조정의 일환으로 통신장비 부문을 분할하기로 했으며 피오리나를 새 회사 창립준비팀에 전격 발탁하였습니다.

이때 피오리나는 기업분사를 성공적으로 주도했다는 평가를 받았습니다. 1996년 4월 루슨트테크놀로지를 AT&T로부터 분사시키면서 올린 30억 달러의 수입은 당시로서는 기업공개 분야에서 최고 액수였습니다.

이후 피오리나는 루슨트테크놀로지의 글로벌 서비스 부문 책임자로 일했습니다. 루슨트테크놀로지에서 200억 달러 이상의 매출(전체의 60%)을 올리는 이 부문의 대표를 맡으면서 그녀는 경영 능력을 인정받았습니다. 루슨트 주가는 12배 정도 올랐습니다.

1999년 피오리나는 휴렛팩커드HP의 최고경영자로 영입되었습니다. 그러자 그녀의 남편 프랭크 피오리나는 유능한 아내를 돕기 위해 회사를 사직하고 집안 일을 맡아 화제가 되었습니다. 그녀가 CEO에 오른 뒤 회사는 최고의 전성기를 누리게 되었습니다.

그러나 그녀는 "좋을 때 변화를 추구해야 한다"는 신념으로 눈앞의 수익성보다는 시장의 변화를 추구하기 위해서 HP와 컴팩의 합병을 추진했습니다. 그러자 당시 오너의 가족이며 대주주인 월터 휴렛 가족이 반대했습니다. 회사 분위기도 반대편이었습니다. 하지만 그녀는 잘나갈 때 준비해야 한다는 마음으로 밀어붙였습니다. 만약 실패하면 그녀는 물러나야 했습니다.

그런데 그녀는 성공했습니다. 90만 명이나 되는 투표자들이 그녀를 지지했던 것입니다. 그녀는 잘나갈 때 위기를 대비한 것입니다.

모든 것이 잘나갈 때 위기의 기운이 숨어 있습니다. 조직에서 인정받고 높은 자리에 오르게 되면 자기도 모르게 자신의 능력이 아주 뛰어나고, 다른 사람들은 자신보다 못하다고 판단하여 교만해지기 쉽습니다. 이런 사람들은 잘나갈 때 위기의 기미를 보지 못하고 결국에는 자신과 조직을 망쳐버립니다.

02.

편안할 때 비상시를 대비하라

우리나라의 삼성전자나 일본의 마쓰시타전기는 국가적으로 몇 번의 위기를 맞이했으나 그때마다 더욱 발전해왔습니다. 이 기업들이 불황이나 위기를 극복하고 더욱 발전할 수 있었던 것은 평상시에 미래를 준비해왔기 때문입니다.

'편안할 때 위험에 대비하라'는 말이 있습니다. 호황일 때 허리띠를 졸라매는 각오로 준비해놓으면 아무리 혹독한 위기라도 성장하는 기회가 될 수 있습니다.

물론 사람의 일은 그렇게 마음먹은 대로 되지만은 않는 것이 사실입니다. 의식이 투철한 사람이라도 호황 때나 잘나갈 때는 역시 방심하게 마련입니다. 이것이 인간의 속성이기도 합니다.

그런데 삼성전자의 경우 최고 오너인 이건희 회장이 미리 10년 앞을 내다보고 성장산업을 육성하는 철저한 대비를 통해 위기를 모르고 발전해왔고, 일본의 마쓰시타전기 역시 안일하게 대응해서는 안 된다는 것을 인식하고 행동을 취하였기 때문에 시련을 극복할 수 있었습니다.

또, 위기를 대비해 소위 '저수지 경영'을 하는 CEO도 있습니다.

저수지 경영이란, 농지 가운데에 저수지를 만들고 그곳에 물을 저장하여 가뭄에 활용하듯, 경영에서도 자금이나 설비 또는 재고 등 경영 전반에 걸쳐 준비를 해두었다가 필요할 때 사용하는 경영을 말합니다.

우리나라 기업들이 IMF 등 많은 위기를 겪으면서 그에 대한 노하우가 생겨 항상 여유의 현금을 확보하고 있는 것도 그런 맥락이라고 할 수 있습니다. 마찬가지로 중동의 재스민혁명23년간 독재를 해오던 튀니지의 벤 알리 정권에 반대해 2010년 12월 시작된 튀니지의 민주화혁명으로 인한 오일쇼크, 그리스나 이탈리아 등 유럽 여러 나라의 경제가 불확실한 상황에서 개인이나 기업이 저수지를 확보해둔다면 위기를 잘 극복할 수 있을 것입니다.

위기를 철저히 대비하여 저수지 경영을 한 대표적 인물로 제일투자신탁의 김홍창 회장을 들 수 있습니다.

김 회장이 제일투자신탁 CEO에 취임했을 무렵, 제일투자신탁은 CJ제일투신이라는 이름이었고 제2금융권에서는 미미한 존재에 불과했으며, 게다가 부산에 위치하고 있어서 언제 부도라는 최악의 위기가 닥칠지 모르는 불안한 상태였습니다. 김 회장은 위기를 감지하고 이를 극복하기 위한 전략을 세웠습니다. 바로 S프로젝트였습니다. 금융권의 80퍼센트가 서울을 중심으로 한 수도권에 몰려 있는 상황에서 경남, 부산에 눌러앉아 있다가는 언제 불똥이 튈지 모른다고 생각한 것입니다. 그래서 김 회장은 회사를 수도권으로 옮길 것을 계획하고 공략을 서둘렀습니다.

CJ제일투신은 당장 서울에 지점을 냈습니다. 공격적 경영을 통해 1년 사이에 수도권에 300여 개의 지점을 냈습니다. 그리고 다른 투신회사들이 구조조정을 할 때 오히려 직원을 600명이나 더 뽑았습니다. 그리고 이름도 제일투자신탁으로 바꾸었습니다. 명실공히 전국을 대상으로 하는 투자신탁회사가 된 것입니다. 오히려 지점을 늘림으로써 저수지경영을 한 셈입니다.

김 회장의 예상대로 S프로젝트는 제일투자신탁의 가치를 높였습니다. 2001년에 제일투자신탁에 1,800억 원의 외국인 자본이 유입되었는데 이것은 S프로젝트가 아니었다면 성과를 거두기 불가능한 일이었다고 해도 과언이 아닙니다. 오로지 위기를 대비하여 철저히 준비한 김 회장의 리더십 덕분이라고 하겠습니다.

위기는 언제든지 오게 마련입니다. 오늘날과 같은 글로벌 시대에는 유럽을 위시한 세계의 경제 위기가 우리나라에도 그 영향을 미치므로 미리 준비하는 자세가 절대적으로 필요합니다.

03.

위기가 오기 전에 완벽하게 점검하라

하는 일이 뜻대로 되지 않는다면 반드시 원인이 있게 마련입니다. 따라서 그 원인을 찾아내 분석하고 개선하면 같은 실패를 반복하지 않을 수 있습니다. 그런데 사람들은 원인을 규명하고 개선하기보다는 자기를 변호하는 일에 급급합니다. 일이 뜻대로 되지 않을 때 구실을 찾아 스스로 정당화하는 것이 인간의 속성이기도 합니다. 이럴 경우 절대로 앞으로 나아갈 수 없습니다.

훌륭한 장수는 전투에서 패하고 나서 그 원인을 날씨나 지리 탓으로 돌리지 않습니다. 물론 그런 것들이 패전의 이유는 될 수 있지만 훌륭한 장수라면 그런 것에서 원인을 찾지 않습니다. 지혜로운 장수는 전투가 벌어지기 전에 날씨나 지형을 완전히 파악하여 계산해놓고 전투에 임할 것입니다. 그렇게 하는 장수만이 전투에서 이길 수 있습니다.

우리는 흔히 '승부는 운이 따라야 한다'라며 모든 것의 원인을 외부로 돌리는 경향이 있습니다. 인간이므로 그럴 수도 있습니다. 그러나 항상 그런 자세를 가졌다가는 성공과는 거리가 멀어집니다. 그러므로 앞에서 말한 저수지를 얼마나 크게 준비해왔는지 곰곰이 생각해볼 필요가 있습니다.

당신이 만약을 생각해서 평상시에 철저하게 준비한다면 위기가 닥쳐도 그렇게 큰 피해는 없을 것입니다.

위기를 만났을 때 그 원인을 다른 곳에서 찾으면 잠시 위안이 될 수는 있습니다. 그러나 모든 문제의 원인이 자신에게 있다는 철저한 자기반성만이 문제를 해결할 수 있으며, 더 나아가 발전의 기회로 삼을 수 있는 것입니다.

04.

철저한 자기반성을 하라

위기는 외부적 요인 때문에 발생하는 경우도 있으나 대부분 잘못된 판단이나 과욕 때문에 생기는 경우가 많습니다.

사람들은 처음 사업을 시작할 때는 1년에 1천만 원을 못 벌어도 더 열심히 해야지, 하고 생각합니다. 그러다가 1억 원을 벌었을 때는 '괜찮은데' 하고 약간 만족해합니다. 그리고 10억 원을 벌면 '이 정도면 충분하다'고 생각하여 쓰기 시작합니다. 그것이 망하는 시작입니다. 그래서 '잘될 때에 조심하라'는 말이 생겨난 것입니다.

선현들은 싸움에 이기더라도 긴장을 늦추지 말라고 가르쳤습니다. 두고두고 되새겨야 할 말씀입니다.

우리는 아침에는 생각하면서 활동하고, 저녁에는 그것을 반성해야 합니다. 또 연초에는 어떤 일을 할 것인가에 대해 계획을 세워서 열심히 실천한 후, 연말에는 그 계획들을 제대로 이행했는지 검토해 봐야 합니다. 이런 자세로 인생이나 사업을 경영한다면 뜻밖의 위기를 만나더라도 어렵지 않게 이겨낼 수 있습니다.

그럼에도 불구하고 일이 제대로 되지 않거나 사업이 뜻대로 되지 않을 경우 '그 일만 없었으면 일이 잘 되었을 텐데' 하고 스스로를 위로합니다. 사람이 하는 일이라 뜻대로 되지 않을 수도 있고, 또 그렇게 함으로써 위로가 될 수도 있습니다. 그러나 위로만으로 끝나서는 안 됩니다. 위로와 함께 깊이 반성하고 잘못된 원인이 자신에게 있다는 것을 깊이 인식해야 합니다. 그렇게 해야 똑같은 실수를 되풀이하지 않을 것이고, 같은 위기를 맞는 일이 없을 것입니다.

자기 성찰 없이 자신의 능력이 발전되었다고 생각하고 능력에 적합하지 않은 일을 했다가는 실패를 면할 수 없습니다. 예를 들어서, 새로운 제품을 판매하려고 할 때 자신에게 그것을 성공시킬 능력이 있는지 치밀하게 검토한 후 만일 무리한 점이 있다고 판단되었다면 시행해서는 안 됩니다. 그러나 꼭 하고 싶다면 부족한 능력을 어떻게 보충할 것인가부터 생각해야 합니다.

개인이나 기업에서 실패하는 이유는 처음에 면밀히 검토하지 않았기 때문입니다. 철저하게 검토하고 일을 시작하더라도 절대로 실패하지 않는다고는 보장할 수 없지만 세 번 실패할 것을 두 번으로 줄일 수는 있습니다. 철저하고 면밀한 검토를 통해 잘못 생각하는 것은 아닌지 백 번 천 번 자신에게 물어봐야 합니다.

05.

일상생활에서 경험을 쌓아라

일반적으로 경험을 쌓는다는 것은 성공하거나 실패하거나 하는 체험을 여러 차례 겪는 것을 의미합니다. 우리는 이런 경험을 통해서 배우고 성장해갑니다.

그러면 그런 일을 겪지 않고도 경험을 쌓을 방법이 있을지 생각해 봅시다. 평온한 생활을 하면서도 마음 자세에 따라 경험을 쌓을 수 있으며, 오히려 어떤 면에서는 특별한 경험을 할 수도 있습니다. 이런 경험은 위기나 어려움을 이겨내는 데 아주 중요합니다.

우리는 매일 일을 하고 있습니다. 어떤 일은 기대한 대로 성공을 거두기도 하고, 어떤 일은 실패하기도 합니다. 또 사소한 일이라도 성공과 실패의 경험을 통해서 스스로 반성할 수 있다면 그것은 좋은 경험이라고 할 수 있습니다.

성공 뒤에는 실패가 있고, 실패의 과정 속에도 성공이 있을 수 있습니다. 그런 것은 하나하나가 중요한 체험일 수 있고, 어떤 면에서는 긍정적으로 작용합니다.

현재는 경제적으로 매우 어렵습니다. 미래 전망 역시 밝지 않습니다. 바로 이런 때가 크게 도약할 수 있는 기회이기도 합니다.

그런데 사람들은 새로운 일을 할 때나 처음으로 시작할 때 아무래도 불안한 마음이 앞서게 마련입니다.

'잘 될까?'

'실패하면 어쩌지?'

일을 시작하기 전부터 이런저런 걱정이 드는 것은 어쩔 수 없습니다. 이것을 해소하기 위해서는 우선 '난 할 수 없어'와 같은 부정적인 생각을 버려야 합니다. 쉽게 그렇게 할 수 없다면 끊임없이 노력을 기울여야 합니다. 머릿속에서 나쁜 이미지를 결단코 연상하지 말아야 합니다.

그리고 그 일이 성취되었을 때의 모양을 그리십시오. 이런 경험을 일상의 작은 것에서부터 자주 하다 보면 큰일도 두려움 없이 도전할 수 있게 됩니다.

06

무엇으로 선택과 판단의 기준을 삼을 것인가?

우리는 생활하면서 수많은 선택과 판단과 결정을 합니다. 그중에는 큰일도 있고, 사소한 일도 있습니다. 그런데 사안의 경중을 떠나 무언가를 선택하고 판단하고 결정을 내릴 때에는 주위 사람들과 상의하는 것이 바람직합니다. 아무리 현명한 사람이라도 일시적으로 착각할 수 있으며, 사람의 능력 또한 한계가 있기 때문입니다.

결정의 순간, 우리는 이해득실을 따집니다. 하지만 중요한 일은 단순히 이해득실만으로 결정해서는 안 됩니다. 그러면 무엇을 기준으로 삼아야 할까요?

크고 중요한 일은 '옳고 그름'을 기준으로 판단하고 결정해야 합니다.

기업이나 조직에서 작은 일은 대부분 경영자 독단적으로 결정해서 실행합니다. 그러나 중요한 일은 아무리 경영자라도 혼자서 결정을 내리지 않습니다. 최후의 결정은 혼자서 내릴지라도 처음에는 임원들과 상의하게 됩니다. '토의'라는 과정을 거치지요.

크고 중요한 일을 결정할 때는 '이 일이 옳은가'를 기준으로 삼아야 합니다. 옳다고 판단을 내려서 실행했을 때 설령 실패하게 되더라도 괜찮습니다. 왜냐하면 옳은 일을 했기 때문입니다.

또한 일의 성과, 일의 과정, 일의 성격 역시 어떤 자세로 추진하는지가 중요합니다. 같은 내용의 일이라고 해도 천차만별입니다. 전쟁을 예로 들어봅시다.

전쟁은 반드시 이겨야 합니다. 지면 끝이어서 비참합니다. 그러나 지면 안 된다고 해서 수단과 방법을 가리지 않고 무조건 이기는 것이 다 좋은 것은 아닙니다. 이기려는 목적과 이길 방법을 생각해야 합니다.

이라크 전쟁이 좋은 예입니다. 가장 좋은 방법은 상대에게 상처를 입히지 않고, 자기 자신도 상처를 입지 않고 승리하는 것입니다. 이것이 현실적으로는 불가능할지 모르지만 마음 자세는 그러해야 합니다.

일단 목표를 세웠다면 그것을 실현하기 위해 고안한 방법이 옳은지를 생각해야 합니다. 목표가 옳을지라도 방법이 옳지 못하면 그 일 자체가 잘못된 것입니다. 오늘날 기업인들이 문제를 일으켜 사회적으로 비난의 대상이 되는 것은 지향하는 목표는 옳을지 몰라도 그 방법이 옳지 않기 때문입니다.

업계가 어떻게 될지, 사회가 어떻게 될지 신경 쓰지 않고, 숫자만

달성하면 되고 돈만 벌면 된다는 생각으로 덤벼든다면, 얼핏 성공한 것처럼 보일지라도 그 뒤에는 불의나 부정의 그림자가 드리워져 있기 때문에 얼마 안 가서 파멸이 따르고 맙니다.

목적이나 과정이 옳지 않은 일은 사람으로서 할 일이 아님을 명심해야 합니다. 따라서 '무엇이 옳은가?'라는 정의를 먼저 검토해서 그 길을 가야 하며 그 길을 따라갈 때 생길 수 있는 위기를 피하기 위해 만반의 준비를 해야 합니다.

우리는 도덕적으로 옳지 않은 일을 해서 무너진 사람들이나 기업들을 수없이 봅니다. 그들이 그렇게 된 원인과 개선점을 찾아 같은 실수를 하지 않도록 조심해야 합니다.

07.

눈앞의 이익에 현혹되지 마라

위기에 대비하는 또 하나의 방법은, 눈앞의 이익에 흔들리지 않는 것입니다.

당신이 물건을 파는 일을 하고 있다면 단순히 물건을 판매만 한다고 생각해서는 안 됩니다. 어째서 그 물건을 팔아야 하는지, 그 물건이 사는 사람에게 어떤 도움이 되는지를 생각해야 합니다.

사업을 하는 사람들은 누구나 당장 눈앞의 이득을 추구합니다. 먹고살기 위해서 사업을 한다고 생각하기 때문입니다. 물론 근본적으로 잘못된 생각은 아닙니다. 그러나 회사가 어느 정도 발전하면 사명감을 가져야 합니다.

사명감이라고 해서 거창하게 여길 필요는 없습니다. 자신이 만든 제품이나 판매하는 물품을 구입하는 사람들이 행복하고 만족한 기분을 느끼면 된다는 기분, 그것이 사명감입니다. 누군가에게 제품을 권할 때에도 이런 생각을 바탕으로 해야 하고, 제품을 편리하게 사용할 수 있게 배려하는 도우미가 되어야 합니다.

제품의 가치를 높이고, 누군가에게 이로움이 되도록 하는 방법은 바로 품질 향상이므로 불량품을 만들지 않도록 최선의 노력을 기울여야 합니다. 혹시 일시적인 잘못으로 불량품이 발생했을 때에는 아무리 손해를 보더라도 즉각 폐기하는 용기를 가질 때 위기를 이겨낼 수 있습니다.

몇 년 전, 삼성전자 이기태 사장은 불량이 발견된 휴대전화기를 2만여 개나 몽땅 폐기처분하여 사회적으로 큰 충격을 주었습니다. 그러나 그 일을 계기로 삼성전자는 더욱 발전하게 되었고, 오늘날 세계 휴대전화시장에서 선두를 달리고 있습니다.

오늘날에는 기업 문화가 고도로 발달되어 불량품은 시장에 발을 붙이지 못할 정도가 되었습니다. 때문에 대기업들은 불량이 발견되면 막대한 손실을 보더라도 즉시 제품 전체를 리콜합니다. 이것이 눈앞의 이익에 연연하지 않는 자세이며, 동시에 위기를 사전에 대비하는 최상의 방법입니다.

절대 불량품을 제공하지 않기 위해서는 확신이 없는 것은 팔지 않겠다는 단호한 자세를 견지해야 합니다.

08

당연한 일을 먼저 하라

사업이나 인생을 성공적으로 운영하거나 살아내기란 참으로 어렵습니다. 문제는 끊임없이 발생하고 그것들을 해결하려면 항상 정확히 대처해나가야 하기 때문입니다. 반드시 해야 할 일도 너무나 많습니다.

사소한 일이라도 실수를 하면 큰 위기를 불러올 수 있습니다. 제1차 세계대전은 오스트리아 황제의 운전수가 길을 잘못 들어서 괴한으로부터 총탄을 맞는 바람에 발발되었습니다. 하찮은 일에 실수를 하여 큰 위기를 불러온 예는 이밖에도 수없이 많습니다. 따라서 일의 크기에 관계없이 최선을 다해야 합니다.

위기를 모르고 승승장구한 어느 중소기업의 사장에게 비결을 묻자 그는 이렇게 말했습니다.

"특별한 비결은 없고, 단지 순리대로 경영했을 뿐입니다."

그가 말한 순리 경영이란 과연 무엇일까요?

순리란 그저 비가 올 때 우산을 쓰는 것과 같은 이치입니다. 비가 오면 누구나 우산을 씁니다. 그러지 않으면 옷이 젖기 때문이지요. 이렇게 가장 당연한 일을 하는 것이 위기에 대비하는 길입니다.

해야 할 일은 철저히 하고, 하지 말아야 할 일은 절대로 하지 않는 것, 이것이 당연한 일입니다. 이런 자세는 위기에 대비하는 기본자세입니다. 그런데 욕심이 지나쳐 해서는 안 될 일을 하는 바람에 위기를 맞는 경우가 수없이 많습니다.

순리는 사업뿐만 아니라 인생살이에도 적용됩니다. 이런 원칙으로 세상사를 대하면 어려운 일도 어려운 일이 아닐 수 있고, 아무리 큰 위기도 슬기롭게 헤쳐 나갈 수 있습니다.

끊임없이 성장하고 발전하는 것이 자연의 이치입니다. 따라서 자연의 이치에 따라 행동하면 자연스럽게 성장하고 발전하게 되는데, 사람들은 잔꾀와 편협한 재주로 해결하려고 하다가 오히려 위기의 길로 들어서기도 합니다.

충분히 지혜를 활용하고 재능을 살리는 것은 매우 중요합니다. 하지만 가장 근본은 자연의 이치에 따라 사는 것입니다.

09.

더욱 배려하여 사람의 마음을 움직여라

사람의 마음은 변화가 매우 심합니다. 유쾌하게 웃다가도 순식간에 비관적으로 바뀌기도 하고, 늘 밝은 사람도 어느 순간 우울해하기도 합니다. 그만큼 사람은 변화가 많은 존재이므로 이러한 점을 항상 염두하고 사람들을 대해야 합니다.

어쩌면 사람의 마음이 쉽게 변하기 때문에 노력한 만큼 보람이 있는 게 아닐까도 싶습니다. 인간이란 원래 부와 권력에 따라 변하게 마련이므로 주위 사람들의 태도에 대해 지나치게 신경을 쓸 필요는 없습니다. 문제는 당신이 평소에 그들을 어떻게 대했느냐 하는 것입니다.

생각해보면 사람의 마음이란 참 오묘하여 아주 사소한 일에도 기쁨과 슬픔 혹은 분노를 느낍니다. 때문에 공동생활을 즐겁게 하기 위해서는 항상 서로 이해하고 타인의 기분을 배려해야 합니다.

우리나라에 처음 정부가 들어서고 소득세 제도가 막 생겼을 때의 일입니다. 서울 명동에 유명한 음식점이 있었습니다. 어느 날 명문 부자들이 종로세무서장의 초대로 이 음식점에 모였습니다. 권력을 가지고 있는 기관장의 부름을 받아 모인 자리였기 때문에 부자들은 무슨 일일까 싶어 불안한 마음들이었습니다. 드디어 세무서장이 나타났습니다. 그런데 그는 놀랍게도 상석이 아니라 말석에 앉아 이렇게 말했습니다.

"오늘 여러분을 뵙자고 한 것은 다름이 아니라 수입에 대한 소득세를 새로이 징수하게 되었기 때문입니다. 잘 부탁드립니다."

아주 간단한 이야기지만 시사하는 바가 큽니다. 당시에는 이른바 관존민비官尊民卑의 풍조가 만연하던 때였습니다. 새로운 정책을 만들 경우 그냥 통보를 하거나 관청으로 불러 명령식으로 전달해도 되는 상황이었습니다. 그러나 그 세무서장은 일방적으로 통보하지 않고 정중히 예의를 갖추고 자신이 직접 정책에 대한 취지를 설명하고 협력을 구했습니다.

이것이 바로 타인을 배려하는 마음가짐이라고 할 수 있습니다. 이런 마음 씀씀이나 작은 배려는 위기 때뿐만 아니라 일상생활에서도 매우 중요한 덕목입니다.

사람은 누군가에게 부탁을 받았을 때 이해관계에 의해 움직이기도 하지만 때로는 그와는 다른 방향으로 움직이는 양면성을 가지고 있습니다. 예컨대 부탁을 하는 사람의 태도가 오만하거나 위압적이면 아무리 자신에게 득이 되어도 그 부탁을 거절해버릴 수 있습니다. 반대로 자신에게 부담이 되거나 손해를 볼 법한 일이어도 성의를 다해 정중하게 부탁하면 마음이 움직여 들어줄 수도 있습니다.

이처럼 사람은 이해관계만으로는 설명할 수 없는 미묘한 정서를 가지고 있습니다. 그러기에 부탁을 할 때는 그 사람의 성격이나 환경을 잘 분별해야 합니다. 이것은 위기 때를 대비한 매우 중요한 법칙입니다.

위기가 닥쳤을 때 사람들의 마음을 얻어 도리어 좋은 기업으로 도약한 예를 하나 들어보겠습니다.

미국의 존슨앤드존슨의 타이레놀은 미국에서 가장 많이 팔리는 진통제입니다. 그런데 1992년, 시카고의 조그마한 마을에서 한 정신병자가 타이레놀에 청산가리를 섞었고, 그것을 먹은 소비자 일곱 명이 사망하여 온 미국이 발칵 뒤집힌 사건이 일어났습니다. 존슨앤드존슨에 최대의 위기가 닥친 것입니다.

그때 존슨앤드존슨의 대표이사는 즉각 기자회견을 열었습니다.

"우리나라 전역에 있는 모든 타이레놀을 수거하겠습니다. 범죄가 발생한 지역뿐만 아니라 우리나라 전역에 걸쳐서 모두 수거하겠습니다. 그리고 범인이 잡힐 때까지 판매를 중단하겠습니다."

수억 달러가 소모되는 수거를 하겠다는 발표에 사람들은 놀라움을 감추지 못했습니다. 며칠 후 범인은 잡혔지만 타이레놀 판매 중단은 계속되었습니다. 그리고 다시 포장하여 이런 일이 발생하지 않도록 미연에 방지하겠다고 발표한 후 몇 달이 지나 포장법이 개정되고 나서야 비로소 타이레놀의 재판매가 이루어졌습니다.

❋

이 일로 존슨앤드존슨의 이미지는 좋은 방향으로 급상승했고, 수억 달러를 퍼부어도 얻기 힘든 회사에 대한 신뢰를 얻었습니다. 이것은 위기일수록 사람들의 마음을 얻어야 한다는 교훈을 단적으로 보여준 예입니다.

위기를
만났을 때의
마음 자세

01.

웃음을 잃지 말자

위기를 만나 실패한 사람들을 분석해보면 지식이나 자본이 부족해서가 아니라 그가 맺고 있는 인간관계에서 실패의 원인이 나온다고 합니다. 또 개인의 행복 80퍼센트가 인간관계에 달려 있다고 합니다.

좋은 인간관계를 형성하는 데에는 인상이 매우 중요합니다. 의사 전달의 90퍼센트가 표정과 목소리 같은 인상에 의해서 좌우되고, 나머지 7퍼센트만이 그가 전달하려는 메시지 내용이라는 연구 결과가 있습니다.

표정과 목소리는 인간관계에 커다란 영향을 미치는데, 이는 위기를 극복할 때에도 상당한 힘을 발휘합니다. 인간관계가 좋은 사람은 주위 사람들의 도움으로 위기를 쉽게 극복할 수 있습니다. 그렇지 못한 사람은 남의 도움을 기대하기가 힘듭니다.

웃음은 인간관계를 이어주는 윤활유입니다. 위기 때에도 웃는 사람에게는 협조자들이 생기고, 자신감과 용기를 갖게 되며, 아이디어가 떠오르게 됩니다. 보통 어린이들은 하루에 300번 웃는데, 어른들은 열다섯 번 정도 웃는다고 합니다.

미국의 저가 항공사인 사우스웨스트항공은 웃음 경영으로 유명합니다. 그 결과 1971년 설립 당시에는 비행기가 고작 몇 대뿐이었는데, 지금은 미국 4대 항공사 중의 하나로 성장했습니다.

사우스웨스트항공은 직원을 뽑을 때 웃음과 유머 감각을 매우 중요시합니다. 그래서 직원들에게 재미와 웃음을 강조하는 직장 문화를 만들었습니다. 그 결과 포춘Fortune, 미국의 격주간 경제 잡지이 선정한 존경받는 기업 2위, 고객 불만이 가장 적은 항공사 1위로 뽑혔으며, 다른 항공사들이 적자로 허덕일 때에도 흑자를 기록했습니다.

그런가 하면 링컨 대통령은 남북전쟁을 치르면서 "밤낮으로 긴장이 몰려오는데 웃지 않으면 나는 벌써 말라 죽었을 것"이라고 말함으로써 항상 웃음이 필요하다는 것을 역설하였습니다.

직장에서 좋아하는 상사 1위는 유머 감각이 있는 상사라고 합니다. 그런 상사는 위기 때일수록 유머와 웃음으로 부하의 긴장을 풀어주고, 소통을 합니다.

아무리 어려운 상황에서도 웃음을 잃지 않은 사람이 위기를 극복할 수 있으며, 희망을 볼 수 있습니다. 위기라고 해서 웃음을 잃어서는 안 됩니다.

02.

코페르니쿠스식 발상을 하라

위기 때는 남들과 똑같이 생각하고 행동해서는 위기를 극복할 수 없습니다. 보통 사람들의 생각과는 다른 발상이 필요합니다.

예전 사람들은 우물 안 개구리처럼 지구를 세상의 중심이라고 생각했습니다. 해가 아침에 뜨고 밤에 지는 것을 보고 태양이 지구를 돈다고 생각한 것은 당연했습니다. 천동설을 믿었기 때문에, 대지는 고정되어 있고 하늘이 회전한다는 생각은 자연스러웠을 것입니다. 또한 그들은 지구가 사각 형태로 생겼고 그 끝에는 낭떠러지가 있다고 생각했습니다. 그래서 배를 타고 멀리 가는 것을 두려워했지요.

하지만 전진적인 생각을 가진 사람들은 배가 항구에 들어올 때 배의 돛 끝부분이 먼저 보이고 그 다음에 배의 전체 모습이 차츰 보이기 시작하는 것을 보고 바다가 평평하지 않다고 생각했습니다. 또한 그들은 지구의 그림자가 달을 가려 상현달과 하현달이 생기는 것을 보고 천체가 유기적 관계를 유지하며 움직이고 있다는 것을 알았습니다.

그러나 기존의 사고방식이 각인되어 있던 사람들은 생각을 바꿀 줄을 몰랐습니다. 그래서 코페르니쿠스가 지동설을 주창했을 때에 사람들은 꿈에도 그런 생각을 하지 못했기 때문에 오히려 그를 비난했습니다.

그러자 코페르니쿠스는 자신의 주장을 뒷받침하기 위하여 망원경을 발명, 그것으로 목성을 관찰하였습니다. 그러다가 우연히 목성 주위를 도는 네 개의 위성을 발견하였고, 이를 통해 모든 행성은 지구를 중심으로 돈다고 하는, 모든 사람들이 진리로 인정하고 있던 천동설을 부인하게 되었습니다.

코페르니쿠스는 논의에만 몰두하던 스콜라학파의 학통을 따르지 않고 천체관측과 궤도 계산을 위주로 하던 실지천문가였습니다. 코페르니쿠스가 등장하기 전에는 고대 그리스에서 르네상스에 이르기까지 우주의 성질에 대한 통념이 기본적으로 변한 것이 없었습니다. 그러나 코페르니쿠스의 등장으로 암흑기에서 과학혁명의 길로 나아갈 수 있는 계기가 되었습니다.

그는 지구와 태양의 위치를 바꿈으로써 지구가 더 이상 우주의 중심이 아님을 천명했는데, 이것은 당시 누구도 의심하지 않던 프톨레마이오스의 우주 체계에 정면으로 도전한 것이었습니다. 그리고 이 도전은 지구가 우주의 중심이고 인간은 그 위에 사는 존엄한 존재이며 달 위의 천상계는 영원한 신의 영역이라고 생각했던 중세의 우주관을 폐기시키는 결과를 가져왔습니다.

당시 코페르니쿠스가 행했던 인간 중심의 지구중심설에서 객관적인 입장의 태양중심설로의 발상의 전환을 '코페르니쿠스적 전환' 이라고 합니다. 흔히 대담하고 획기적인 생각을 이르는 말로 쓰이기도 하는데, 그만큼 코페르니쿠스의 이론은 당시 사람들에게 큰 충격을 주었습니다.

코페르니쿠스의 체계는 관측 결과와 완전히 부합한 것은 아니어서, 이후 많은 과학자들, 특히 케플러, 갈릴레이, 뉴턴 등에 의해 수정되고 보완되어 오늘에 이르고 있습니다.

위기를 극복하는 통찰력을 갖기 위해서는 코페르니쿠스와 같은 발상의 전환이 있어야 합니다.

세계적인 화가 피카소는 화가로서의 명성을 얻기 전 청년 시절에 파리에서 어렵게 생활을 이어가고 있었습니다. 그때도 열심히 그림을 그렸으나 화랑에서는 유명화가의 작품만 찾았지 그의 이름은 거들떠보지도 않았습니다.

날이 갈수록 그는 지쳐갔습니다. 이제 그의 수중에 남은 돈은 겨우 은화 열다섯 개뿐이었습니다. 그는 막다른 골목에 이르렀던 것입니다. 남은 돈을 다 써버리고 파리를 떠나느냐, 아니면 파리에 남아 구걸을 하느냐, 양자택일을 해야 했습니다.

그는 가진 모든 것을 걸고 마지막 승부를 하기로 했습니다. 그의 승부수는 지금까지 사람들이 생각하던 것과는 정반대였습니다. 즉, 대학생들을 고용하여 파리에 있는 모든 화랑을 돌면서 화랑 주인에게 이런 질문을 하도록 한 것입니다.

"피카소의 그림이 있습니까?"

"피카소의 그림을 사려면 어디에 가야 합니까?"

"피카소가 파리에 왔습니까?"

그러자 파리의 모든 화랑 주인들이 피카소라는 사람에게 관심을 갖게 되었습니다. 하지만 그의 그림을 구할 수가 없었습니다. 그래서 하루 빨리 피카소가 나타나기를 기다렸습니다.

한 달이 지난 후, 마침내 피카소가 화랑에 나타났습니다. 화랑 주인들은 너나 할 것 없이 모두 피카소의 그림을 샀고, 피카소는 위기를 극복할 수 있었습니다.

그때까지 무명작가들이 그림을 팔기 위해서는 직접 화랑을 찾아가 자신을 소개하고 그림을 사라고 권유해야 했습니다. 그러나 그는 정반대로 다른 사람들이 자신의 그림을 찾도록 만들었습니다. 당시 사람들의 사고방식과 전혀 다른 방식, 즉 코페르니쿠스식으로 생각한 것입니다.

당신도 혹시 위기에 놓여 있다면 코페르니쿠스식의 발상을 해야 합니다.

발상의 전환이 필요하다

위기 때의 행동이 평상시와 같아서는 위기를 극복할 수 없습니다. 보통 때와는 다른 민첩한 행동과 새로운 패턴이 필요합니다. 행동이 달라지려면 먼저 생각이 바뀌어야 합니다. 생각이 바뀌면 행동도 바뀌게 됩니다.

어려운 문제나 위기는 누구나 생각할 수 있는 상식선에서는 해결되는 경우가 드뭅니다. 생각을 과감하게 바꾸어 상황을 다르게 구성해보고 역발상으로 바라보면 해답이 보입니다. 그러면 걸림돌이 디딤돌이 될 수 있고, 위기가 호기로 바뀔 수 있습니다.

"밑바닥에서 배웠다. 고통 없는 대가는 없다."

위기를 극복하고 대성한 PG베스트먼트홀딩스 박기출 회장의 말입니다.

대기업에 다니는 동안 박 회장은 스스로 '잘나간다'고 생각했지만 1998년 외환위기에 회사는 속절없이 흔들렸습니다. 박 회장도 회사를 나오게 되었습니다. 예고도 없이 갑자기 당한 일이라 앞날이 막막했습니다.

마흔 살이 넘어 빈털터리가 된 그는 가족들을 위해서 일자리를 찾아 헤매다가 여의치 않자 고국을 떠나 이국땅 싱가포르로 향했습니다. 그곳에서 지인이 하던 사업을 하기로 하고 퇴직금과 남아 있던 돈을 모두 털어 그 회사를 인수했습니다. 그런데 그 회사는 빚더미에 올라앉아 있었습니다. 예상보다 부실이 심각했었기에 1년도 채 지나지 않아 회사는 부도가 났습니다.

그는 절망하여 한숨지을 여유조차 없었습니다. 이국땅에서 가족을 굶어죽게 할 수는 없었기에 결사적으로 사람을 만나고 채권자를 설득하였습니다. 건설회사 소장으로 일하면서 어느 누구에게도 고개를 숙이지 않았던 그는 절박한 마음으로 사람들을 만났습니다.

그는 당시를 회고하면서 이렇게 말했습니다.

"제가 갑甲일 때는 사람의 얼굴이나 이름도 잘 기억하지 못했으나 을乙도 아닌 병丙으로 떨어져 보니 만나는 한 사람 한 사람이 참으로 소중하게 느껴지더군요."

채권자들을 설득하면서 근성을 키운 그는 재기의 기회를 잡는 데 성공했고 마침내 스프링, 자동차 시트, 전자부품으로 차츰 사업을 넓혀나가기에 이르렀습니다. 결국 공장을 만들고 계열사를 세워 10년 만에 직원 1,500명, 연간 매출 약 1천억 원정도를 올리는 대기업의 오너가 되었습니다.

그는 '샐러리맨의 꿈' 같은 존재입니다. 그는 두뇌나 경험이 아니라 바닥을 찍고 살아남으려는 끈기와 근성으로 위기를 극복한 것입니다. 그는 오늘날 젊은이들에게 이렇게 말합니다.

"판검사나 의사가 된다고 안정된 직장이 보장되는 시대는 지났다. 그러니 틀을 깨고 새로운 것에 도전하라."

박기출 회장은 한마디로 끈기와 근성으로 위기를 기회로 만든 롤모델이라고 할 수 있습니다.

콜럼버스는 위험을 무릅쓰고 모험을 통해 신대륙을 발견하는 위대한 업적을 남겼습니다. 그런데 보수파들은 가다 보니 우연히 그렇게 된 것이지 그게 무슨 대수냐고 그의 업적을 평가절하하였습니다. 콜럼버스는 그들에게 달걀 하나를 주면서 "이것을 탁자 위에 세워 보라"고 하였습니다. 그런데 보수파들이 아무리 애를 써도 달걀은 똑바로 세워지지 않았습니다. 그러자 콜럼버스는 달걀의 한쪽 모퉁이를 살짝 깨서 세우고는 말하였습니다.

"남들이 하는 것을 보고 따라해서 성공하기는 쉽다. 그러나 남들이 하지 않은 것을 처음 시도하여 성공하기는 매우 어렵다."

이것이 '콜럼버스의 달걀'이라는 말을 낳은 이야기입니다. 우리는 여기서 콜럼버스의 과감한 발상의 전환을 배울 수 있습니다.

1901년 시카코에서 가난한 목수의 아들로 태어난 월트 디즈니는 만화영화를 만들기 위해 동업자와 함께 제작을 하다가 배신을 당해 빈털터리가 되었습니다. 그는 실망하여 열차를 타고 여행을 하다가 생쥐를 생각해냈습니다. 당시 쥐는 혐오의 대상이었으나 발상을 전환하여 깜찍한 옷을 입고 말도 하는 미키 마우스, 어린아이들의 친근한 친구로 전환시킨 것입니다.

발상의 전환은 우선 고정관념을 깨는 것입니다. 지금까지 가지고 있던 생각을 버리고 새로운 시각으로 바꾸는 것입니다. 다음은 불가능하다고 여기고 있던 것을 가능하다는 생각으로 바꾸는 것입니다. 가능하다고 생각함으로써 새로운 일이나 사업에 도전할 수 있게 됩니다.

위기일수록 이런 발상의 전환이 더욱 요구됩니다. 발상의 전환을 하지 않고는 위기를 극복할 수 없습니다.

04.

위기 속에서 기회를 본다

'난세에 영웅 난다'는 말이 있습니다. 평상시에는 영웅의 기질을 가진 사람이 그 기질과 능력을 발휘할 기회가 없으니 영웅인지 아닌지 알 수 없습니다. 그러나 진정한 영웅은 평화시에도 위기를 감각적으로 보는 안목이 있습니다.

훌륭한 선장은 한밤중에 아름다운 별빛을 받으며 바다를 가르는 크루즈에서 마냥 한가롭게 즐기고 있지만은 않습니다. 긴장을 늦추지 않고 혹시 일어날지 모를 불상사에 대비하지요. 멀리 있어 잘 보이지도 않는 빙산이나 암초를 발견하기도 합니다. 그런데 타이타닉호의 선장은 위험한 징조를 보고도 위기를 깨닫지 못한 채 아무런 대비도 하지 않고 있다가 1,400명이나 되는 많은 사람들을 수장시켰습니다.

... ★ ... 위기의식이 새로운 아이디어를 가져온다

한 청년이 명문대학을 졸업하고도 취직이 안 되어 할 수 없이 구두닦이를 시작했습니다. 상가 앞에 점포를 차렸는데 사람들이 반대편에 있는 점포에만 가고 자신에게는 오지 않아 파리만 날리게 되었습니다. 그는 머리를 짜냈습니다. 플래카드에 '한쪽은 공짜로 닦아드립니다'라고 써붙였던 것입니다. 그러자 사람들이 몰려들어서 수입이 짭짤했습니다. 위기의식이 탈출구를 만들어준 것입니다.

사람은 미래에 대한 예측과 컨트롤이 가능한 상황에서 안정을 느낍니다. 그러나 세상은 변하게 마련이고, 사람 역시 변하지 않으면 위기에 맞닥뜨렸을 때 속수무책 당할 수밖에 없습니다.

변하려고 하는 힘은 위기의식에서 나옵니다. 위기의식은 잠자고 있는 에너지와 의지, 창의력과 능력을 이끌어내는 원동력이 됩니다.

위기의식을 느끼기 위해서는 통찰력과 행동이 필요합니다.

당신이 조직의 리더라면 위기를 먼저 감지하고 구성원들이 위기임을 알도록 설득해야 합니다.

'평범한 사람은 현상만 보고, 관리자는 현상 속의 위기를 보지만, 리더는 위기 뒤에 존재하는 기회를 본다'는 말이 있습니다. 평상시에 위기를 볼 줄 아는 사람이 위기 속에서 기회를 만듭니다.

05.

생각의 프레임을 바꿔라

하나의 사물과 현상이라고 해도 누구에게나 똑같이 보이는 것은 아닙니다. 보는 위치와 각도에 따라 다르게 보입니다. 마찬가지로 자기만의 프레임으로 본 세상이 곧 불변의 진실은 아닙니다.

현재를 위기라고 보는 사람이 있는가 하면 오히려 태평성대라고 보는 사람도 있습니다. 이것은 생각의 프레임이 저마다 다르기 때문입니다.

프레임은 세상을 바라보는 마음의 창, 즉 문제를 바라보는 시각과 관점을 말합니다. 어느 창문으로 보느냐에 따라 대상의 모양과 색상이 다르게 보입니다.

자신의 창으로 바라본 것이 진리인 것 같은데 다른 사람의 창으로 바라보았을 때는 그렇지 않을 수도 있습니다. 또한 자신의 창으로 보는 것도 100퍼센트 완전히 보는 것이 아니라 관점과 생각에 따라 보이는 것만 보게 됩니다. 자신은 있는 그대로를 본다고 생각하지만 사실은 자기 생각의 틀을 통해서 채색된 창 너머의 세상을 받아들이는 것입니다.

세상을 바로보기 위해서는 생각의 틀, 즉 프레임을 바꿔야 합니다. 자기만의 고정관념을 깨고 새로운 프레임으로 보면 세상을 바로볼 수 있습니다. 그러면 행동도 달라집니다.

인간은 전지전능한 존재가 아니므로 높은 곳에서 완벽하게 조감할 수 없습니다. 따라서 어떠한 프레임으로 보느냐 하는 것은 선택의 문제입니다. 최선의 프레임을 선택하는 것이 세상을 올바르게 보는 지름길이며, 좋은 사람을 선택하는 갈림길입니다.

저마다 삶의 상황은 일방적으로 주어지지만 그것을 바라보는 프레임은 자신이 선택해야 합니다. 높은 의미를 부여해서 바라보는 생각의 틀이 중요합니다. 정부청사에서 청소하는 청소부도 단순히 청소부라고 생각하면 자신이 비참하게 느껴지지만, 자신도 국가를 위해 일하는 사람이라고 생각하면 높은 자부심을 느끼게 됩니다. 위기에서도 단순히 위기만 보지 않고 그 속에는 반드시 기회가 존재한다는 생각을 가질 때 도약할 수 있는 기회를 찾게 되는 것입니다.

우리나라 독자들에게도 많이 알려진 성공학의 대가이자 《정상에서 만납시다See You at the Top》의 저자인 지그 지글러Zig Ziglar가 어느 날 뉴욕의 거리를 거닐다가 연필을 팔아달라고 사정하는 한 걸인을 만났습니다.

그는 연필을 산 후 그 걸인에게 말했습니다.

"당신은 이제 걸인이 아니오. 나는 돈을 주고 물건을 샀으니 이제부터 당신은 물건을 파는 상인이자 사업가입니다."

그 말에 깊은 깨달음을 얻은 걸인은 즉시 거지 행각을 집어치우고 장사를 시작했습니다. 그로부터 십여 년 후 말끔하게 차려입은 한 신사가 고급승용차를 타고 지그 지글러를 방문했습니다. 신사가 자신을 소개했습니다.

"저는 몇 년 전에 뉴욕의 거리에서 연필을 팔던 걸인이었습니다. 직장 생활을 하다가 회사가 망하는 바람에 거지 생활을 했는데, 선생님께서 저에게 연필을 사고 '이제부터 당신은 사업가'라고 하신 말씀에 깊은 감동을 받아 그때부터 장사를 시작했습니다. 지금은 시카코에서 사업을 크게 하고 있습니다. 그때 저를 깨닫게 해주셔서 감사합니다."

걸인은 지그 지글러를 통해서 사고방식을 전환한 결과 멋진 사업가로 변신할 수 있었던 것입니다.

06.

긍정적으로 생각하라

위기 때 위기를 위기로만 생각하는지 아니면 그 안에 기회가 있다고 생각하는지는 그 상황을 긍정적으로 보느냐 부정적으로 보느냐에 따라 결정됩니다.

우리는 살아가면서 수많은 위기를 경험합니다. 그리고 다행히 부모나 가정, 그리고 사회적으로 좋은 환경에서 자란 사람들이 있는가 하면 불행하게도 그렇지 못한 사람들도 있습니다. 나쁜 환경의 경우 그 환경의 노예가 되면 그로 인해 발생하는 위기를 극복할 수 없습니다. 오히려 나쁜 환경 속에 기회가 있다는 것을 알고 그 기회를 찾는 사람은 성공을 거둡니다.

위기를 극복하고 기회로 만든 사람들은 대부분 긍정적인 태도를 가지고 있습니다. 위기를 만났을 때 대처하는 모습을 보면 그가 긍정적인 사고를 하는가 그렇지 않은가를 알게 됩니다. 긍정적인 사람은 위기를 단순히 위기로만 보지 않습니다. 위기 자체만을 보지 않고 그 다음의 일을 생각하는 것입니다. 그리고 위기를 어떻게 대처하느냐에 따라서 빨리 끝날 수도 있고, 길게 가거나 몰락할 수도 있습니다.

동기부여에 대한 권위자이며, 세계적 베스트셀러 《긍정의 힘을 믿어라Attitude is Everything》의 저자 제프 켈러Jeff Keller는, "우리의 태도가 세상의 창이며, 세상의 모든 것은 창을 통해서 들어오기 때문에 항상 창을 깨끗하게 해야 한다"고 말하였습니다.

세상의 모든 것에는 위기도 포함되어 있으며, 창이란 바로 긍정적인 태도입니다. 긍정적인 태도를 가지면 위기도 긍정적인 결과, 즉 기회를 가져오지만 부정적인 태도를 가지면 부정적인 결과, 즉 실패자가 되고 맙니다.

자신의 처지를 긍정적으로 바라보고 그것을 활용하여 성공한 사람으로 노벨문학상을 탄 토니 모리슨Toni Morrison을 들 수 있습니다.

그녀는 자신이 겪은 극심한 고통, 그리고 솔직하게 드러난 약점을 비관하거나 저주하지 않고 긍정적으로 생각하고 받아들여 그것을 이야깃거리로 만들었습니다. 그것이 바로 퓰리처상을 받은 소설 《빌러브드Beloved》입니다.

또한 그녀는 한 달에 집세 4달러를 내지 못해 집주인이 모리스 가족들이 보는 앞에서 집을 불태우는 비참한 상황을 묘사한 작품 《블랙북The Black Book》으로 노벨문학상을 받았습니다. 그녀는 비참한 상황에서도 긍정적인 생각을 잃지 않았기에 그런 작품을 쓸 수 있었고, 노벨문학상 수상이라는 영광을 얻었던 것입니다.

이처럼 위기를 만났을 때 긍정적으로 생각하는 용기, 반드시 필요합니다.

위기를 만났을 때 부정적인 사람은 위기를 두려워하고 극복할 수 없다고 생각하지만 긍정적인 사람은 위기를 반드시 극복할 수 있다고 생각하고 최선을 다합니다. 부정적인 사람은 위기를 극복하려고 하기도 전에 한계선을 긋지만 긍정적인 사람은 극복하려고 시도합니다. 부정적인 사람은 위기의 문제점만 보지만 긍정적인 사람은 위기의 해결책을 봅니다. 부정적인 사람은 위기 속의 위험만 보지만 긍정적인 사람은 위기 속의 기회를 봅니다. 부정적인 사람은 "~때문에"라는 말을 많이 사용하지만 긍정적인 사람은 "~덕분에"라는 말을 많이 사용합니다.

긍정적으로 생각하고, 긍정적으로 바라보십시오. 그러면 어떤 위기도 극복할 수 있으며 더 나아가 기회로 만들 수 있습니다.

위기를
극복하는 힘

01.

위기일수록 굴하지 않는 의지

위기를 만나거나 예측하는 소리만 들려도 사람들은 위축됩니다. 그래서 경영인은 지출을 줄이고 소시민들은 위기를 헤쳐 나갈 일에 전전긍긍합니다. 그러나 위기일수록 더욱 굳은 의지를 다지며 굴하지 않은 인물들이 역사적으로 많습니다. 그중에 두 사람을 들어보겠습니다.

"비관론자들은 기회가 왔을 때 위험을 보고, 낙관론자들은 고난이 와도 기회로 본다."

영국의 정치가 윈스턴 레너드 스펜서 처칠의 말입니다. 일생 동안 처칠만큼 위기를 많이 맞았던 사람도 드뭅니다. 중학교 때는 천성인 학습장애 현상이 나타나 유급되었고, 육군사관학교도 삼수 끝에 합격했으며, 수상 선거에도 몇 번이나 낙선하였습니다. 겨우 수상이 되자 이번에는 자신이 아니라 나라가 위기에 처하게 되었습니다. 그야말로 위기의 연속이었지요. 하지만 그는 나라의 위기마저 구한 위대한 지도자가 되었습니다.

그의 진정한 가치는 위기 때 발휘되었습니다. 특히 독일의 무차별 공격 때에는 두려움과 불안에 떨고 있는 국민들에게 "우리는 바다에서도, 육지에서도 싸울 것이며 절대로 항복하지 않겠다"라는 불굴의 의지를 보여줌으로써 용기를 불어넣었습니다. 그의 위대함은 위기 속에서 더욱 빛이 났습니다.

처칠은 위기 상황에 처했을 때 속수무책으로 당하고만 있지 않았습니다. 그는 국민들에게 위기를 타개하려는 의지를 보여주는 것이 지도자의 역할이라고 생각했습니다. 그는 의지를 강조하기 위해 불독처럼 튀어나온 턱을 앞으로 쑥 내미는 버릇이 있었습니다. 또한 병들고 쇠약한 노인들의 증표인 지팡이를 도전의 상징처럼 보이려고 하였습니다. 그는 말뿐만 아니라 몸짓으로도 메시지를 전달하려고 노력했습니다.

위기에 굴하지 않고 더욱 빛을 낸 인물로 우리나라에서는 이순신 장군을 들 수 있습니다.

아마도 이순신 장군만큼 모함 등으로 많은 위기를 겪은 인물도 흔하지 않을 것입니다. 이순신 장군은 일생 동안 세 번이나 파직당했으며, 사형선고도 한 번 당했고, 두 번씩이나 백의종군을 할 정도로 파란만장한 삶을 살았습니다. 그럼에도 불구하고 의지를 굽히지 않았고 자신의 처지를 비관하여 절망에 빠지지도 않았습니다. 그는 결국 위기에 처한 나라를 구했습니다.

이순신 장군이 위기를 극복할 수 있었던 것은 리더십이 뛰어났기 때문입니다. 그의 리더십의 특징은 신뢰받는 인격자였으며, 부하를 지극히 사랑했고, 불타는 애국심이 있었으며, 늘 겸손했습니다. 그리고 전쟁이라는 위기 속에서도 시를 읊는 여유가 있었기에 나라를 위기에서 구할 수 있었다고 봅니다.

나라를 구한 위대한 인물은 말할 것도 없고 기업이나 조직에서 위기를 극복한 핵심인재들은 모두 위기에 빛났습니다.

02.

열정이 있어야 한다

개인이나 조직이 위기를 만났을 때 무엇보다 중요한 태도의 하나가 위기를 극복하겠다는 뜨거운 열정입니다. 열정은 자기가 하고자 하는 일에 정성을 다해 매진하면서 어떤 어려움도 극복하고 그 일을 이루고 말겠다는 의지, 즉 삶의 태도입니다.

원만한 성격과 주어진 업무를 합리적으로 잘 처리하는 태도는 평상시에는 환영받습니다. 그러나 위기가 닥쳤을 때는 그런 소극적인 태도로는 극복할 수 없습니다.

많은 기업인들로부터 존경받고 있는 우리나라 중소기업의 한 CEO는 "마라톤을 완주하고 나서 트랙을 한 바퀴 도는 사람은 비난받아야 마땅한 사람이다. 최선을 다했다면 쓰러져야 한다"라고 말했습니다.

열정이란 반드시 해내고 말겠다는 일념으로 마지막 힘의 1퍼센트까지 소진하여 이루어내는 굳은 의지를 말합니다. 이런 열정이 있어야 위기를 극복할 수 있습니다.

고비 사막, 아타카마 고원, 사하라 사막, 그리고 남극까지 무려 1,051킬로미터를 완주한 세계 사막 마라톤 그랜드슬래머 48명 중 여성이 세 명인데, 그중에 한국 여성 김효정 씨가 있습니다. 영화 프로듀서인 그녀가 그 일을 선택한 이유는 오로지 자신의 열정을 시험해보기 위해서였다고 합니다. 그 대업을 마친 후 그녀는 자신의 뜨거운 열정을 확인했으므로 이제는 어떤 어려움이나 위기가 닥쳐도 충분히 극복할 수 있다고 말했습니다.

카네기는 "세상에서 중요한 일들은 거의 가망이 없어 보이는 일에도 열정을 다해 끝까지 혼신을 다하는 사람들에 의해서 이루어졌다"고 하였습니다.

조직이나 기업에서 위기를 극복해내는 사람은 열정이 있는 사람입니다. 열정이 없으면 위기가 닥쳤을 때 그 상황을 피하거나 다른 사람이 해결해주기를 기대합니다. 그러나 열정이 있는 사람은 주어진 일만 하는 데 그치지 않고 자신이 주인이라는 의식을 갖고 직접 해결하기 위해 뛰어듭니다. 그런 사람은 실패를 두려워하지 않습니다. 만약 실패하더라도 그 책임을 다른 사람이나 환경에 돌리지 않습니다. 또 실패하더라도 좌절하지 않고 그 실패를 거울로 삼아 다시 도전합니다. 그렇기에 어느 조직이든 능력이 조금 부족하더라도 열정이 있는 사람을 선호합니다.

경영의 신이라 불리는 잭 웰치는 리더로서 갖추어야 할 첫 번째 덕목으로 열정을 꼽았습니다.

잭 웰치는 그의 아내 수지 웰치와 공동으로 저술한 《승자의 조건 Winning : The Answers》에서 이렇게 말했습니다.

"기업인들은 최고의 인재를 선택할 때 '재능'과 '열정' 두 가지를 요구한다. 한 개인 안에 이 두 가지가 혼재해 있기를 원한다. 재능 하나만으로 충분치 않다."

오늘같이 위기가 언제 닥칠지 모르는 현실에서 위기를 극복할 수 있는 리더의 덕목으로 열정을 꼽은 것입니다.

03.

정성을 다하면 길이 열린다

　위기를 만났을 때 그를 극복하기 위해 정성을 다하면 길이 열립니다. 위기의 원인이 무엇인지 알아내기 위해 직접 관계되는 일이나 업무에 정성으로 혼신의 힘을 다하면 예상치도 않았던 길이 보이고 해결책이 나타나며, 주위로부터 예기치 못했던 도움도 얻게 되며 결국 문제를 해결하게 됩니다. 즉, 정성을 다할 때 위기를 극복할 수 있는 확률이 높아지는 것입니다.

　사람들의 운명도 정성에 따라 달라진다고 합니다. 좋은 운명을 타고나서 사주와 관상이 아무리 좋을지라도 성실하게 살지 않고 하는 일에 정성을 들이지 않는다면 운명이 나쁘게 바뀐다고 합니다. 반대로 비록 좋지 않은 운명을 타고났을지라도 모든 일에 정성을 다하면 복이 따르고 관상도 변한다고 합니다.

정성을 다하라는 뜻으로 '독서백편의자현讀書百遍義自見'이라는 말이 있습니다. 글을 백 번 읽으면 저절로 그 뜻을 알게 된다는 말로, 학문을 열심히 탐구하면 뜻한 바를 이룰 수 있음을 가리키는 말입니다. 즉, 어떤 일이든 혼신의 힘을 다하라는 뜻입니다. 사자가 토끼를 잡을 때도 최선을 다해야 잡을 수 있듯이 말이지요.

위기를 극복하는 일은 평상시의 일보다 더 많은 정성을 들여야 합니다. 그만큼 어렵고 힘들기 때문이며, 잘못 판단하거나 실수를 범했을 때는 치명적인 결과를 가져올 수 있기 때문입니다.

위기를 돌파한 지도자나 사업가, 그 밖의 예술가들도 정성을 다하지 않는 사람이 없습니다. 대강 행하거나 남만큼만 해서는 위기를 극복할 수 없습니다. 그래서 위기를 극복한 다음에는 '정성이 통했다'는 말을 하는 것입니다.

대한민국이 낳은 세계적인 발레리나, 독일 슈투트가르트 발레단의 수석 무용수 강수진은 중학교 1학년 때 발레를 시작했습니다. 그녀는 1985년에 스위스 로잔콩쿠르에서 동양인 최초로 1위를 차지했습니다. 그리고 1986년, 역시 동양인 최초로 독일 슈투트가르트 발레단에 입단하였습니다. 그녀는 곧이어 발레단의 솔리스트로 선발되었고 1997년부터 지금까지 발레단의 수석 발레리나로 활약하고 있습니다.

그녀는 몇 번이나 발레를 포기해야 할 위기에 처했었다고 합니다. 그런데 발레 연습에 더욱 정성을 다하여 몰두함으로써 극복했다고 합니다.

좋은 공연을 위해서 그녀가 얼마나 정성을 쏟았는지는 그녀의 발을 통해서도 알 수 있습니다. 그녀의 발은 완전히 기형이 되어버렸습니다. 그녀는 하루 4~5시간밖에 수면을 취하지 않았으며 인터넷은커녕 메일도 하지 않았다고 합니다. 대부분의 발레리나들은 30대에 은퇴를 하기 때문에 그녀도 30대 때 은퇴를 해야 하는 절체절명의 위기를 맞이했습니다. 그런데 그때 어느 때보다 더 피나는 노력을 쏟음으로서 극복할 수 있었다고 합니다.

위기를 느끼고 있다면 지금 하고 있는 일에 정성을 들이십시오. 그러면 위기를 극복하고 새로운 희망을 볼 수 있습니다.

04.

굳건한 결의를 다져라

사람들은 거래나 인간관계에서 손해를 보지 않을 정도면 만족하고 넘어갑니다. 사업을 할 때는 손해를 봐서는 곤란하지만 손익분기점에 이를 때까지는 꾹 참습니다.

비가 오면 옷이 젖기 때문에 우산을 씁니다. 그러나 우산을 써도 빗방울은 튀게 마련입니다. 태풍이 몰려올 때는 우산을 쓴다고 해도 젖을 수밖에 없으므로 어느 정도 젖을 각오를 해야 합니다. 그렇게 각오를 하면 조금 젖어도 그럴 수 있겠거니, 하고 낙관적으로 생각할 수 있을 것입니다. 하지만 마음은 그렇게 먹어도 정말 굳게 다짐하지 않으면 불안해할 수밖에 없습니다.

위기라고 생각하면 보는 것, 듣는 것, 모두가 걱정뿐이어서 좀처럼 지혜가 떠오르지 않습니다. 따라서 위기일수록 결의를 다지고,

관점을 바꾸어야 합니다. 위기를 극복한 사람들은 대부분 자신들의 마음을 다잡고 돌진했습니다.

살다 보면 어려울 때가 있고, 사업을 하다 보면 실패가 있게 마련입니다. 어려울 때일수록 미래에 대한 계획을 점검하고 의지를 굳건히 해야 합니다. 또한 사명감을 가지고 해야 할 일은 반드시 실천해야 합니다. 어렵다고, 위기라고 해서 해야 할 일을 하지 않는 비겁한 사람이 되어서는 안 됩니다. 그렇게 노력하다 보면 뜻밖에 이전에는 생각지도 못했던 지혜가 떠오르고, 그를 바탕으로 창조적인 발상이 떠오를 수 있습니다. 더불어 이런 신념은 어려움에 처해도 더욱 용기를 갖게 해주고 안도감을 가져다줍니다.

위기라고 해서 소극적으로 생각하면 지혜도 쓸모없게 됩니다. 의지도 약해질 뿐만 아니라 이전까지는 신경 쓰지 않아도 잘 흘러가던 것들까지 좋지 않은 방향으로 흐릅니다.

마음이 빈곤하면 정신마저 흐리게 됩니다. 늘 마음을 다잡고 굳은 의지로 헤쳐 나가야 합니다.

*

05.

피하지 말고 정면으로 맞서라

예전에는 불황이 10년, 혹은 50년 주기로 찾아왔습니다. 그런데 오늘날 글로벌 시대가 되면서 그런 주기가 무색하게 되었습니다. 이탈리아의 신용 강등의 불똥이 멀리 아시아에까지 번지고 있으니 말입니다. 물론 옛날에도 세계 경제나 사회 상황에 따라 그 영향력이나 주기는 조금 달랐지만, 요즘처럼 광범위하지는 않았지요.

그런데 예전이나 지금이나 확실한 것은 불황이 지나면 호황이 온다는 사실입니다. 물론 더블딥 같은 현상으로 불황이 길게 이어질 때도 있으나 여하튼 불황이 지나면 호황이 온다는 것은 확실합니다. 문제는 호황이 얼마나 길게 가느냐 하는 것이지요.

그렇다면 훌륭한 경영자들은 불황이라는 위기를 어떻게 극복했을까요?

불황을 극복하는 방법에는 크게 두 가지가 있습니다. 첫째는 긴축경영을 하는 것입니다. 대표적인 것으로 오늘날 많은 기업들이 시행하고 있는 구조조정을 들 수 있습니다. 두 번째는 공격경영을 하는 것입니다. 불황이라고 위축되지 않고 더욱 공격적으로 경영을 하는 것입니다. 그러한 경영인으로는 롯데그룹의 신격호 회장을 들 수 있습니다. 부하들이 불황이니 긴축을 하자고 권하자 신 회장은 "불황일수록 광고를 많이 해야 한다"고 말했다는 일화는 유명합니다.

경제적 기반이나 정세에 따라 대처하는 방법은 달랐지만 어떤 상황에서든 통용되는, 변하지 않는 한 가지 원칙이 있습니다. 그것은 최선을 다하겠다는 자세로 의연하게 정면으로 맞서는 것입니다.

불황이라는 것은 폭풍우 한가운데 서 있는 상황과 마찬가지입니다. 따라서 한자리에 가만히 머물러 있을 수는 없습니다. 어떻게든 폭풍우를 뚫고 나가야 합니다. 피하는 것도 한 방법입니다. 그래서 많은 사람들은 우선 피하고 보자는 생각을 합니다. 그러나 항상 피하기만 하는 것은 능사가 아닙니다. 결국 원치 않더라도 마지막에는 정면으로 맞서야 합니다.

불황 등의 위기를 극복하려면 나름대로 각오하고 준비를 해야 합니다. 폭풍우가 휘몰아칠 때는 비가 올 때 사용하는 우산으로는 안됩니다. 보다 더 튼튼한 우산과 비옷을 준비해야 합니다. 침착하게 생각하면 폭풍우의 강도에 따라 대처하는 방법도 터득할 수 있고, 마음가짐도 새롭게 할 수 있습니다.

고난과 역경이 닥칠 때 뒤로 물러서지 않고 앞으로 나아가려는 결의를 다짐한다면 반드시 길이 열릴 것입니다. 아무리 큰 위기라도 도저히 헤쳐 나갈 수 없다는 따위의 자포자기 같은 생각을 버리고 스스로 나아갈 바를 고민하면서 자신에게 용기를 주어야 합니다. 허물어지려고 하는 자신을 스스로 채찍질하며 죽을힘을 다해 노력한다면 분명히 새로운 길이 열릴 것입니다.

결국 위기를 극복하는 최고의 방법은 뒤로 물러설 수 없다는 각오를 굳건히 하고 최선을 다하는 것입니다. 따라서 위기에 맞설 수 있는 용기와 정신력을 가져야 합니다.

06.

최선을 다하고 하늘의 뜻을 기다린다

어떤 위기가 닥쳐도 비관해서는 안 됩니다. 상황을 비관하면 위기를 극복할 수 있는 지혜가 떠오르지 않습니다. 냉정하게 판단할 수도 없고, 해야 할 일도 오히려 잊어버리게 됩니다. 어떤 역경을 만나도 비관하지 않고 냉정한 자세로 우선 그 원인이 무엇인지를 파악해야 합니다. 그런 후에 역경을 극복하겠다는 자신의 의지를 확고히 해야 합니다.

'진인사대천명盡人事待天命'이라는 말이 있습니다.

어떤 위기를 만나든 일단 최선을 다해야 합니다. 즉, 스스로 판단해서 옳다고 생각되는 방법으로 성심성의를 다해 노력해야 합니다.

물론 아무리 노력해도 되지 않을 때가 있습니다. 인간 이상의 하늘의 뜻이 있기 때문입니다. 우리 모두에게는 하늘의 뜻과 하늘이

준 명命이 있습니다. 이를 따라야 합니다. 최선을 다해서 말이지요.

사람들은 흔히 최선을 다하지 않고 욕심을 부립니다. 그로 인해서 갈등과 고민이 생기게 되는 것입니다.

일평생 살면서 여러 번의 위기를 만나게 되는데 그때마다 의지를 굽히지 말고 사심을 버려야 합니다. 그리고 스스로 위기를 돌파하기 위해 온 힘을 다해 노력한 후 때를 기다려야 합니다.

사업은 물론이고 삶도 당신이 기대한 대로 될 수도 있고, 그렇지 않을 수도 있습니다. 그것은 완전히 의지대로 되는 것이 아닙니다. 이때 중요한 것은 무슨 일이 있어도 흔들리지 않는 것입니다. 최선을 다했으니 마음을 비우고 때를 기다리는 것이지요.

불황은 전환기라고 할 수 있습니다. 곤란한 상황에 처해 있을수록 굳센 의지를 가지고 위기를 극복해나가겠다는 열의를 보인다면 바로 거기에서 또 다른 지혜가 떠오를 것입니다.

07.

막다른 골목이란 없다

위기를 맞은 애플을 구하기 위해 스티브 잡스가 제일 먼저 한 일은 경쟁관계인 빌 게이츠와 손을 잡는 일이었습니다. 빌 게이츠의 마이크로소프와 제휴를 하자 애플의 임원들은 물론 스티브 잡스를 아는 많은 사람들은 그의 뜻밖의 행동에 깜짝 놀랐습니다.

'자존심 강하기로 유명한 스티브 잡스가 적대관계인 빌 게이츠에게 손을 내밀다니!'

스티브 잡스는 회사를 살리기 위해 적과 손을 잡은 것입니다.

스티브 잡스는 마이크로소프트 본사를 찾아가 빌 게이츠, 폴 앨런과 마주 앉아 매킨토시의 저렴한 가격, 간편함, 마우스, 그리고 데스크톱 콘셉트를 설명했습니다. 빌 게이츠와 폴 앨런은 스티브 잡스의 저가 매킨토시가 큰 성공을 거둘 수 있을 것이라고 생각하였고 마침내 그가 제안한 프로젝트 '샌드'를 하기로 합의하였습니다. 이에 따라 매킨토시의 대량생산이 시작되었고 결국 스티브 잡스는 거대한 IBM에 도전장을 내민 격이 되었습니다.

그의 행동은 어쩌면 비난받아야 할 것 같으나 사실은 당연한 일입니다. 위기 앞에서는 자존심이나 체면 따위는 문제가 아니지요. 오로지 위기를 어떻게 극복하느냐가 가장 중요한 과제입니다. 스티브 잡스는 위기 극복을 위한 기본 정신에 투철했던 것입니다.

인간은 막다른 골목에 이르면 생존을 위해서 무엇이든지 하게 됩니다. 그런데 대부분의 사람들은 위기가 앞에 닥쳤는데도 자존심 등 여러 가지를 따집니다. 이것은 아직 위기를 제대로 느끼지 못했기 때문입니다.

옛날의 상인들은 전쟁이라는 위기 앞에서도 적과 거래를 했습니다. 그들은 적과 내통했다는 오해를 받으면서도 이를 두려워하지 않고 당당하게 '장사'를 한 것입니다. 오늘날 위기를 극복하기 위해서는 그들의 마음 자세를 참고해야 합니다.

불황이라고 해서 천지가 바뀌는 일은 없습니다. 생명의 위협을 받는 일은 더더욱 없을 것입니다. 따라서 경기에 너무 우왕좌왕하지 말고 옛날 상인들이 하던 것처럼 사명감을 가지고 적극적인 자세로 자기 일에 충실해야 합니다.

인간이 하는 일에 기본적으로 막다른 골목이란 없습니다. 인류는 항상 발전 과정에 있으므로 위기를 만났다고 하여 너무 겁을 먹거나 흔들릴 필요가 없습니다. 곤란한 일도 있고, 위기도 있으나 결국 각자의 길을 찾아 앞으로 나아가고 있는 것입니다.

*

08.

가능하다는 믿음을 가져라

충분히 가능한 일인데도 할 수 없다고 포기해버리면 진짜로 할 수 없게 됩니다. 반면 불가능한 일도 할 수 있다는 믿음을 가지고 적극적으로 노력하면 의외로 쉽게 풀릴 수 있습니다. 예전에는 그 누구도 달에 갈 수 있다고 생각하지 않았지만, 지금은 가능한 현실이 되었습니다. 그것은 모두 '가능하다'는 믿음에서 비롯된 것입니다.

할 수 있다고 생각하면 불가능하다고 여겼던 모든 일들이 예측하지 못했던 놀라운 힘에 의해 가능해집니다. 그러므로 위기가 닥쳤을 때는 피하려고 하지 말고 극복하려는 용기를 가져야 합니다. 이런 자세는 자신은 물론 주위 사람들에게도 영향을 주어 용기를 갖게 되고 좋은 결과로 인도해줍니다.

무엇이든지 '불가능하다'고 생각하면 그것으로 끝입니다. 가능하다는 믿음이 불가능을 가능하게 해줍니다. '할 수 있다'는 생각이 올바른 판단을 내리게 해주는 소중한 덕목이 됩니다.

어떠한 역경이나 위기에서도 의지를 꺾지 말아야 합니다. 어려운 문제에 직면했을 때 하루 이틀 지나서 해결책을 찾은 경험은 누구나 있을 것입니다.

우리가 할 수 있는 생각의 범위는 무한합니다. 어느 정도의 시간과 노력을 투자하면 얼마든지 해결책을 찾을 수 있습니다. 그러므로 어려움은 어려움이 될 수 없고, 위기는 위기가 될 수 없습니다. 진짜 문제는 '위기를 위기로 인식할 것인가, 말 것인가' 하는 인식의 차이에서 비롯됩니다.

물론 말로는 쉽지만 실제로는 어렵습니다. 그러나 모든 것을 무조건 안 된다고, 또는 어렵다고만 생각한다면 자신의 능력을 부정하는 결과가 되고 맙니다.

할 수 없다고 결론을 내리면 당연히 극복할 수 없습니다. 그러나 반드시 해결할 수 있다는 긍정적인 마음을 가진다면 좋은 방법이 떠오를 것입니다.

중요한 것은 자신이 처한 상황을 제대로 인식하는 것입니다. 그런 인식을 바탕으로 위기를 돌파할 수 있다는 자신감을 가지세요. 이것은 당신이 생각하기에 달렸습니다.

09.

위험을 감수하라

위기는 사람의 가치를 알아보는 중요한 계기입니다. 위기 때 어떤 자세를 취하느냐에 따라 그 사람의 가치가 나타납니다. 위험을 포용하는가, 그렇지 않고 피하는가를 보면 알 수 있습니다.

조직에서 위험을 감수하는 사람은 미래를 짊어질 인재이지만 위험을 회피하는 사람은 인재가 아닙니다. 후자의 부류는 누군가에게 책임을 전가시키고 자신은 문제가 없다고 발뺌을 할 것입니다.

미래를 짊어질 인재는 위험을 감수합니다. 폭풍을 뚫고 나가야 한다는 것을 알기에 폭풍을 두려워하지 않고 배의 방향과 속도를 명령합니다.

폭풍이 분다고 해서 배 안에 가만히 앉아 있으면 얻는 것은 파멸뿐입니다. 위기 속에 성공이 숨어 있으며 불안정 속에 기회가 있습니다. 안정 속에서는 좀처럼 기회나 성공이 존재하지 않습니다.

위험을 전혀 감수하지 않으려는 사람은 더욱 위험합니다. 전혀 성공할 기미가 보이지 않기 때문이죠. 위기가 성공을 가능하게 한다는 사실을 잊어서는 안 됩니다.

위기를 두려워하는 사람들은 이론에만 밝습니다. 어떻게 살아야 할지를 알지만 막상 경계에 이르면 생각과 행동이 달라집니다. 그들의 현란한 사고는 두려움 앞에서 바람처럼 사라집니다. 머리로만 사는 사람들입니다. 그들 마음속에는 위기 때 우러나오는 극단적인 에너지가 없습니다.

위기에서는 배수진을 치고 마지막처럼 살아야 합니다. 배수진을 친다는 것은 선택을 버리고 전체와 하나가 되는 것이고, 몰입하는 것입니다. 이것이 바로 위기를 기회로 만들어 성공한 사람들의 중요한 요소입니다.

사업에 실패하고 머리를 식히기 위해 여행을 하던 여행객들이 있었습니다. 그들이 우물로 물을 길러 갔습니다. 우물 속에는 달이 비치고 있었습니다. 그때 지나가던 한 현인이 우물 속의 달을 바라보고 있는 사람들에게 말했습니다.

"그 달을 건져내세요. 그것이 당신들이 해야 할 일입니다. 그 달이 당신들의 사업이니까요. 성공하려면 스스로 건져내야 합니다."

우물에 비친 달은 눈에 보이기는 하지만 쉽게 잡을 수는 없습니다. 그런데 위기를 극복하고 성공하려면 우물 속에서 달을 건져내야 합니다.

우물에 빠진 달을 건져내려면 무엇보다도 상상력이 필요합니다. 고정관념을 깨야 하며, 지금까지의 사고 프레임이 아닌 남다른 상상력을 발휘해야 합니다. 그다음에는 우물에도 뛰어들 수 있는 용기가 필요합니다. 잘못하면 빠져나올지도 못할 위험이 있는 우물에 뛰어들 정도의 용기가 필요한 것입니다.

이것은 곧 위기를 기회로 만들기 위해서는 무엇이 필요한가를 상징적으로 말하는 것입니다. 위기에 대처하는 자세와 지혜를 갖추었을 때 위기를 극복할 수 있습니다.

10.

무리하지 않는다

경기가 좋지 않아서 상품 거래가 현저하게 떨어졌을 때 어떻게 생각하는 것이 바람직할까요?

"고객들이 지금까지 너무 많이 구매해왔으므로 당분간 자제하는 것일 뿐이며, 언젠가는 다시 예전처럼 구매를 할 것이다."

"지금 구매자는 잠시 휴식을 취하고 있을 뿐이며, 이 휴식은 불경기로 인해 어쩔 수 없는 것이다."

이처럼 기대하거나 긍정적으로 생각할 때 위기를 기회로 만들 수 있습니다.

불황을 만났을 때 불황을 대하는 기업인들, 특히 중소기업인들의 대응 방법은 다양합니다. 어떤 기업인은 직원들을 놀릴 수 없다며 무리하게 일을 추진하다가 파산하는 경우도 있습니다. 이처럼 실패하는 기업인들은 대부분 당황해서 이리저리 휘둘리다가 다른 일을 찾습니다.

불경기에는 일이 줄어드는 것이 당연합니다. 설령 일이 있을지라도 불리한 조건의 경우가 많습니다. 그래도 직원들을 놀릴 수가 없으니 일을 맡아서 하다가 그만 실패하고 맙니다. 그런 때에 무리하면 상황을 악화시킬 뿐입니다. 순수한 마음으로 생각하고 행동해야 합니다. 일이 없는 기간을 일시적인 현상으로 여기고, 어려움이 주는 휴식을 감사하게 받아들여 마음을 다잡는 여유를 가져야 합니다.

휴식을 취하는 데 있어서 방법도 중요합니다. 그 기회에 전열을 가다듬어 설비를 재정비하거나 공장, 연구, 판매에서 개선할 점을 찾아 혁신을 도모하는 것도 좋습니다. 이러한 자세를 가진 회사는 도리어 새로운 기회를 잡아 재도약하는 발판을 마련합니다.

어려운 때라 아무것도 할 수 없을 것 같아도 할 일은 얼마든지 있습니다. 불황이라는 위기는 나 혼자만 겪는 것은 아닙니다. 힘들기는 누구나 마찬가지이므로 푸념만 하고 있어서는 조금도 도움이 되지 않습니다. 그보다는 위기를 극복하기 위해서 더 많은 힘을 비축할 필요가 있습니다.

위기가 찾아오거나 해결책이 보이지 않을 때는 당황하지 말고 마음의 여유를 갖고 천천히 생각해보십시오. 위기일수록 마음의 여유를 갖고 기다리며 준비하면 반드시 좋은 때가 올 것입니다.

위기를
극복하는 지혜

01.

위기 극복에 필요한 지식을 배우고, 도움을 청하라

위기의 원인과 상황은 다양합니다. 사람이 모든 것을 알 수는 없습니다. 필요한 지식은 너무나 많고, 상황 또한 너무나 다양합니다. 따라서 모른다는 것을 인정하고 배움을 청해야 합니다.

사실 누구나 자존심이 있으므로 모른다는 사실이 밝혀지면 무시당해 상처를 입지는 않을까 염려하여 그냥 아는 척 넘어가기 쉽습니다. 그러나 그렇게 했다가는 더 큰 위기를 만날 수 있습니다. 그냥 정직하게 모른다고 말하고 도움을 청하면 모르고 있던 것을 알게 되고, 위기를 헤쳐 나갈 지혜와 지식을 얻을 수 있습니다.

사람이 아무리 똑똑하고 재능이 뛰어날지라도 모든 일에 해박한 지식을 갖출 수는 없으며, 모든 일을 해결해내는 능력을 가질 수도 없습니다. 따라서 위기를 만난 상황에서 혼자만의 힘으로는 처리할 수 없습니다.

역사적으로 위기를 극복하고 위기를 기회로 만든 위대한 사람들은 거의가 독단적으로 일을 처리하지 않았습니다. 조언이나 도움이 필요한 경우 혼자 해결하겠다고 끙끙거리며 애를 쓰지 않고 적당한 사람을 찾아내어 그에게 조언이나 도움을 청했습니다.

영국의 윈스턴 처칠 수상은 자국의 위기를 극복하기 위해 도움을 청하기를 마다하지 않았습니다. 제2차 세계대전 당시 영국이 히틀러의 공격을 받자 그는 미국에 도움을 요청했습니다. 위기를 극복하기 위해 미국인들에게 구애했던 처칠은 한 번은 콜빌에게 이런 농담을 하였습니다.

"어떤 남자도 내가 루스벨트 대통령에게 하듯이 자기 연인의 변덕에 일일이 비위를 맞추지는 못할 걸세."

처칠은 자국의 위기를 극복하기 위하여 미국의 도움을 얻는 데 모든 수단과 방법을 동원했던 것입니다.

여러 사람의 힘을 동참시키면 처음에는 그 사람에게 남의 일이었던 것이 상의하는 도중에 그 위기를 공유하는 효과를 가져와 우호적 지원을 받게 되고, 위험도 피할 수 있게 됩니다. 사람은 자신이 누군가에게 도움이 되고 힘이 된다는 것을 느끼면 기쁨이 샘솟고, 누군가 도움을 요청하면 자신을 믿어준다는 생각에 오히려 즐겁게 도와줍니다.

위기를 지혜롭게 극복하기 위해서는 늘 배우며, 모르는 것은 모른다고 말하고 스스럼없이 도움을 요청하십시오. 위기를 극복하기 위한 노력에 자존심 따위는 중요하지 않습니다.

02.

많이 경청하라

커다란 위기는 혼자서 해결할 수 없으므로 많은 사람들의 의견에 귀를 기울여야 합니다. 귀를 기울일 때 위기를 기회로 바꾸는 지혜가 생깁니다.

미국에서 가장 돈이 많은 부자 중에 한 사람이며, 흑인이고, 여성인 오프라 윈프리는 얼마 전까지 '오프라 윈프리 쇼'를 진행하던 방송인입니다. 그녀는 미시시피 주에서 사생아로 태어나 14세에 미혼모가 되었는데 그런 그녀가 그토록 돈을 많이 벌고 유명한 방송인이 될 수 있었던 것은 경청하는 자세 덕분이었다고 합니다.

1986년, 윈프리는 시청률이 가장 낮은 30분짜리 프로그램을 맡는데, 한 달만에 시청률이 최고로 높은 프로그램이 되었습니다. 그녀는 진행을 할 때 허리를 숙이며 게스트들의 이야기를 진지하게 들어

줌으로써 게스트들이 편안하게 이야기를 하게 유도했고, 그런 그녀의 능력이 오늘날의 윈프리를 있게 해준 것이지요.

삼성그룹의 창업자인 고 이병철 회장은 후계자인 아들 이건희 회장에게 '경청敬聽'이라는 휘호를 써주었다고 합니다. 아마 이건희 회장이 선친께서 써준 휘호대로 듣는 것을 많이 하고 말하는 것을 조금만 해서, 삼성을 오늘의 세계적인 기업으로 성장시킬 수 있었는지도 모르겠습니다.

소통은 상대방에게 열심히 말하고 이해시켜서 되는 것이 아니라 상대의 이야기를 경청하고 공감해줌으로써 이루어지는 것이지요. 특히 위기를 극복하는 지혜를 얻으려고 할 때는 더욱 더 상대로 하여금 말을 많이 하도록 하고 그 말에 귀를 기울여야 합니다. 그런데 미련한 사람은 상대로부터 지혜를 얻겠다면서도 자기 얘기만 늘어놓음으로써 상대의 마음을 얻지 못해 아무런 소득을 올리지 못하는 꼴이 됩니다.

적극적인 경청은 귀로만 하는 것이 아닙니다. 눈으로는 상대의 모습을 보고, 귀로는 상대가 전달하고자 하는 내용을 들으며 복합적으로 이해하는 것입니다. 청각뿐만 아니라 시각과 표정까지 모두 동원하는 것입니다.

위기 때는 가급적 말을 아끼고 귀를 기울여 경청을 하고 나서 질문을 해야 합니다.

사람들은 곤란한 문제에 대해서는 쉽게 해결책을 제시해주려고 하지 않습니다. 자신의 답변 때문에 일어날지 모르는 만약의 사태를 염려하기 때문입니다. 그러므로 가급적 상대의 입을 열게 하기 위해서는 질문은 짧게 하고 상대로 하여금 말을 많이 하도록 유도해야 합니다. 당신이 말을 많이 하면 상대는 자신의 지혜나 능력을 보여주지 못합니다.

03.

소통하라

아무리 지혜롭고 능력이 뛰어나더라도 위기를 만났을 때는 여러 사람들로부터 조언이나 지혜를 구해야 합니다. 그러기 위해서는 소통이 필요합니다.

극단적으로 소통을 못 하는 사람들을 가리켜 우리 속담에서는 '소에 경 읽기'라는 말로 경계하고 있습니다. 일본에는 '히키코모리'라는 말이 있습니다. 2005년 일본 정신과 의사 사이토 다마키가 만든 신조어로, 1970년대부터 나타나기 시작한 은둔형 외톨이를 지칭하는 말입니다. 이들은 사회생활에 적응하지 못하고 집 안에 틀어박혀 아무와도 교류 없이 살아갑니다.

컴퓨터와 인터넷의 발달 덕분에 사람들은 과거와는 달리 사회적 활동을 하지 않고도 큰 불편 없이 살 수 있게 되었습니다. 그러나 이런 히키코모리는 위기를 만났을 때 속절없이 무너지게 되어 있습니다. 어느 누구도 그를 위기에서 구해주려고 하지 않기 때문입니다.

현대사회에서 위기를 극복하려면 소통이 절대적으로 필요합니다. 그래서 직장의 상사에게는 소통의 리더십이, 부하들에게는 소통의 팔로우십followship이 필요합니다. 그뿐만 아니라 인생을 아름답게 경영하기 위해서는 멘토가 필요합니다. 그리하여 사회적으로 인망이 두터운 사람 한두 명을 자신의 멘토로 삼고, 필요할 때마다 상담을 하여 조언을 구해야 합니다.

소통은 말이나 여러 방법으로 생각과 마음을 주고받는 과정입니다. 소통의 기구로는 인터넷, 휴대전화, SNS, 트위터 등 매우 다양합니다.

평소에도 그렇지만 위기 때는 특히 겸허한 자세로 소통이 이루어지도록 지속적으로 노력해야 합니다. 그리고 도움을 청하기 위한 소통이라면 더욱 겸손한 자세로 상대의 의견을 경청하는 것이 중요합니다.

사람들은 옳은 말만 하는 사람보다 자신을 이해해주는 사람을 더 좋아합니다. 따라서 위기를 헤쳐 나가기 위한 조언을 구할 때는 무조건 상대를 이해하는 자세를 취해야 합니다. 그리고 그 해결책이 자신의 생각과 다를 때에도 상대의 의견을 인정하고 존중하는 자세를 보여야 합니다. 상대의 의견이 틀렸다고 생각될지라도 진지하게 듣는 진정성을 보일 때 상대는 위기를 해결할 수 있는 지혜를 제공해줄 것입니다.

*

... ★ ... 커뮤니케이션으로 위기를 극복하라

1933년, 미국은 상상할 수 없을 정도로 최대의 위기를 맞이하였습니다. 그 위기는 루스벨트 대통령이 취임을 앞둔 시점에서 극에 달했습니다. 정부는 경기가 안정될 때까지 은행을 폐쇄하기로 결정하였습니다. 바로 그때 루스벨트 대통령은 라디오를 통한 노변담화를 시작하였습니다. 그것은 간단한 말로 시작되었습니다.

"저는 국민 여러분과 은행에 대해서 얘기하고 싶어서 이 자리에 나왔습니다."

국민들은 루스벨트의 이런 독특한 대중연설에 점점 익숙해져갔고, 그의 연설을 기다리기까지 했습니다. 마침내 사람들은 마음을 하나로 모아 두려움을 넘어 희망을 주는 목소리에 귀를 기울이기 시작한 것입니다.

루스벨트의 이런 방식은 대화나 좌담 같은 보편적인 의사소통 방법에 라디오라는 특정 매체를 결합하여 성공할 수 있었습니다. 그는 언어, 메시지의 내용, 그리고 연설 스타일까지 모든 것을 마치 대화하는 것처럼 진행했습니다. 루스벨트가 사용한 기본적인 대화법은 현재 우리가 활용하는 화상회의나 인터넷 채팅 때에도 유효하게 사용할 수 있습니다.

"단순하게 설명하라. 단순하게 이야기하고 공감대를 형성하며, 사람들을 진지하게 이해하라. 공통의 언어를 찾아 가르치고 설명하라. 말과 행동을 일치하도록 함으로써 정직하고 믿을 만한 모습을 보여주어라."

대화를 할 때 당신이 명심해야 할 것은, 진심은 대화의 통로를 열게 한다는 점입니다. 우리는 모두 거짓을 알아내는 데에는 귀재입니다. 전달하려는 메시지와 상관없이 말하는 사람이 얼마나 진정한지, 편안한지, 그리고 솔직한지 상대방은 잘 알고 반응합니다. 그러므로 자연스럽게 말하고, 있는 그대로 사실에 입각하여 말해야 합니다.

세상은 끊임없이 변하면서 위기를 겪고 있습니다. 그러나 아무리 변한다고 할지라도 사람 사이에 의사소통이 중요하다는 사실은 변하지 않습니다. 위기를 극복할 수 있는 힘이 소통에서 나온다는 것을 명심해야 합니다.

04.

설득의 기술

위기가 자신만의 일이 아니고 조직이나 기업의 문제일 때 조직원들로 하여금 위기를 돌파할 수 있도록 하기 위해서는 설득의 기술이 필요합니다.

조직원들을 설득할 때 그저 "위기이므로 참고 이기자"라는 말만 해서는 안 됩니다. 문제를 돌파할 수 있는 비전을 제시해야 합니다.

또 거래처나 은행 등에 찾아가서 위기임을 설명하고 도움이나 협조를 요청할 때 가장 필요한 것이 설득력입니다. 따라서 설득력은 위기를 극복하는 큰 힘이고 지혜입니다. 그때 필요한 것이 설득의 기술입니다. 단번에 설득이 안 됐다고 해서 마지막은 아닙니다. 다음 기회를 기대해야 합니다.

설득은 강요나 애원이 아닙니다. 따라서 상대와 동등한 위치에서 설명해야 합니다. 상대방의 유형을 파악하여 그에 맞게 설득해야 합니다.

인성과 사회심리학의 대가이자 미국의 애리조나주립대학교의 심리학 교수인 로버트 치알디니Robert B.Cialdini 박사는 자신의 저서 《설득의 심리학Influence : Science and Practice》에서 다음과 같은 여섯 가지 방법으로 설득하라고 합니다.

첫째, 상호성의 법칙으로 설득하라.

사람은 상대방으로부터 호의를 받으면 그것을 갚으려고 하는 심리가 있다. 그러므로 상대방을 설득하고 싶다면 먼저 호의를 베풀어 상대방을 빚진 상태로 만들어라. 그러면 상대방은 상호성의 법칙에 따라 당신에게 호의를 되갚고 싶다는 강박관념에 시달리게 된다.

둘째, 일관성의 법칙으로 설득하라.

일단 어떤 입장에 놓이게 되면 그 결정에 대한 일관성이라는 심리적 압박감을 느껴 결정된 입장을 고수하려고 한다. 일관성 있게 행동하는 것이 주어진 상황에 적절하지 않을 때에도 자동화된 일관성의 습관에 따라 행동하려는 경향이 있다. 따라서 먼저 원하는 입장을 취하고 상대를 개입시켜라.

셋째, 사회적 증거의 법칙으로 설득하라.

특별히 주어진 상황에서 당신의 옳고 그름의 기준은 많은 사람들의 생각에 따라서 결정된다. 즉, 다른 사람들이 하는 대로 행동하는 것이 더 바람직한 것이라고 믿는 경향이 있는 것이다. 그러니 많은 사람도 당신처럼 행동하고 있다고 알려줘라.

넷째, 호감의 법칙으로 설득하라.

사람은 자기가 좋아하는 사람이 어떤 부탁을 하면 거절하기가 쉽지 않다. 따라서 평소 좋은 느낌으로 교감해야 한다.

다섯째, 권위의 법칙으로 설득하라.

사람들은 권위가 있는 사람들, 예를 들어서 박사나 변호사, 전문가와 상사의 말에 복종하려는 경향이 있다. 즉, 권위자의 명령은 어떠한 것이든 충실히 수행하고자 한다. 따라서 권위가 있으면 설득하기가 쉽다는 것을 명심하라.

여섯째, 희귀성의 법칙으로 설득하라.

쉽게 구할 수 없는 것에 대해서는 가치가 높다는 인식이 사람들에게 잠재되어 있다. 설득자들은 이 희귀성을 조작해서 상대방을 자신들이 원하는 방향으로 이끌곤 한다. 당신이 상대를 설득하고자 한다면 당신의 설득이 특별한 것임을 보여줘야 한다.

위기 때는 설득의 힘이 더욱 중요합니다. 따라서 설득의 방법을 잘 터득하고 익혀 거래처나 직원 등을 설득, 그 도움을 받아 해결할 수 있도록 하십시오.

05.

순간의 위기는 유머로 반전시켜라

유머는 웃음을 통해 위기를 극복할 수 있게 해줍니다. 또 어색한 만남이나 난처한 상황을 벗어나게 해줍니다.

위기危機라는 단어는 위험과 기회가 공존한다는 의미를 갖고 있습니다. 그런데 대부분의 사람들은 위험한 요소만 보고 두려움을 느낍니다. 이것은 평소의 고정관념에 갇혀 동전의 한 면만 보고 마치 그것이 전부인 양 말하는 것과 같습니다.

위기를 기회로, 수세에서 공세로 전환하는 데에 중요한 무기가 바로 유머입니다. 적절한 유머는 자신의 가치를 높일 뿐만 아니라 어려운 여건이나 위기 상황을 극적으로 모면하게 해주는 기회를 제공합니다. 이때의 위기라 함은 대화나 거래에서 일어나기 쉬운 순간적인 위기가 대부분입니다.

... ★ ... 패러다임을 바꾸어라

고정관념에 갇혀 있으면 창의성이 없으며 게다가 위기에 처하면 그저 당하기 일쑤입니다. 자신을 억누르고 있는 것이 무엇인지 과감히 털어버릴 수 있는 마인드 혁신이 필요합니다.

유머는 책을 통해서 쉽게 익힐 수 있는 것은 아닙니다. 위기 때 활용할 유머를 확보하기 위해서는 유머가 싹틀 수 있는 마음의 여유를 가져야 합니다. 특히 위기 때일수록 조급해하거나 두려워하지 않는 마음의 여유가 필요합니다.

"사람은 칠십 평생을 산다면 칠십 번을 변해야 한다"고 공자는 말했습니다. 간디는 "세상을 바꾸고 싶으면 자신이 먼저 변해야 한다"고 말했습니다. 대부분의 사람들은 자신이 가지고 있는 능력의 15퍼센트밖에 사용하지 못하고 죽는다고 합니다. 그것은 편안함에 익숙해 있기 때문입니다.

사람들은 틀에 박힌 패러다임paradigm에 익숙해져서 이것으로 세상을 보고 판단합니다. 패러다임이란 지식체계, 믿음, 가치관, 신념, 습관, 사고 패턴 등 세상을 판단하는 기준을 말합니다. 문제는 이런 틀이 지나치게 자기중심적이어서 편견과 오류로 포장될 수 있으며, 주변과 조화를 이루지 못하고 자기만의 방식을 고집하게 될 수 있다는 점입니다. 이런 문제점이 위기 때도 그대로 나타난다면 더 큰 문제가 될 수 있습니다.

... ★ ... 유머의 의미

유머라는 단어는 '물속에서와 같이 유동적이다'라는 라틴어에서 유래되었습니다. 따라서 어의적으로 볼 때에도 어떤 고정관념에 사로잡혀서는 유연성을 가질 수 없으며 유머적인 사고는 더더욱 할 수 없습니다. 기존의 틀을 과감히 깨고 안전지대를 박차고 나올 수 있는 유연한 사고의 전환이 가능해야 유머를 발휘할 수 있습니다.

틀을 깬다는 것은 나를 열어 보이는 것이고, 새로운 가능성에 도전하는 것입니다. 그리고 상대가 내 안에 들어올 수 있도록 문을 열어두는 것입니다. 웃음이란 절대로 고정관념에서 나올 수 없는 속성을 갖고 있기 때문입니다. 특히 위기 상황에서는 사고가 경직되기 쉽습니다. 따라서 당신이 마음에 여유를 갖고 위기를 탈출할 기회를 갖기 위해서는 고정관념과 생각의 프레임을 깨뜨려 유머를 사용할 줄 알아야 합니다.

... ★ ... 위기를 모면한 유머의 예

어떤 회사에서 외국의 유명한 강사를 초빙하여 미래 신기술개발이라는 주제로 강연을 하고 있었습니다. 그런데 신나게 통역을 하던 통역사는 낯선 단어에 직면하였습니다. 그 말의 뜻을 몰라 더듬거리자 강연장 분위기가 금세 가라앉았습니다. 통역사는 잘못하다가는 부족한 영어실력이 들통나 강사로부터 해고를 당할 위기에 놓였습니다. 그는 얼른 정신을 가다듬고는 능청스럽게 말했습니다.

"지금까지 강사님께서 재미있는 조크를 하셨는데, 알아들었다고 박수를 좀 쳐주십시오."

강연장은 다시 활기를 띠기 시작했고, 통역사는 부족한 영어실력을 유머로 커버하여 그 순간을 무사히 넘길 수 있었습니다.

사업을 하던 두 친구가 위기를 맞자 위기를 극복하기 위한 아이디어를 얻을 겸 머리도 식히려고 아프리카로 여행을 떠났습니다. 그런데 외진 숲속에서 굶주린 사자를 만났습니다.

한 친구는 메고 있던 가방을 급히 집어던지고 도망가려고 했습니다. 일단 도망가는 것이 상책이라고 생각했던 것입니다. 그런데 다른 한 친구는 즉시 땅바닥에 주저앉더니 운동화의 끈을 단단히 매는 것이었습니다. 도망치려던 친구가 한마디 했습니다.

"여보게, 자네가 아무리 운동화 끈을 잘 매도 저 사자보다는 잘 뛸 수가 없네. 우리가 살길은 여기서 빨리 도망가는 것뿐이야."

그러자 운동화 끈을 매고 있던 친구가 말했습니다.

"맞아, 물론 사자보다는 잘 뛸 수 없겠지만 자네보다는 잘 뛰어야 할 것 아닌가."

대부분의 사람들은 사자를 만나면 도망가는 것이 상책이라고 생각하지만 그것만이 살길은 아닙니다. 그런 사람은 고정관념을 벗어나지 못하고 위기를 만나면 본능적으로만 생각하고 행동합니다. 그러나 운동화를 맨 사람은 현실을 있는 그대로 냉철히 받아들이는 지혜가 있는 사람입니다.

사자가 쫓아오면 둘 중에 한 사람은 반드시 죽어야 합니다. 운동화를 맨 사람은 살아남기 위해서는 사자보다 잘 뛰는 것이 중요한 것이 아니라 옆 사람보다 잘 뛰어야 한다는, 고정관념을 깨는 유연한 사고를 했던 것입니다.

인적 네트워크를 점검하라

이해득실을 계산하여 인간관계를 맺는다는 것은 씁쓸한 일입니다. 그런데 엄청난 시간과 비용을 투자하여 만나는 사람이 결정적인 순간에 전혀 도움이 되지 않는다면 그것 역시 한번 꼼꼼하게 따져볼 문제입니다. 인간관계는 칼로 두부를 자르듯 정리할 수는 없는 것이기에 세월과 비례해서 얽히고설키게 마련입니다. 그럼 지금의 시점에서 당신의 인적 네트워크를 찬찬히 살펴보십시오.

만일 당신에게 어려움이 닥친다면 당신에게 도움을 주기 위해 얼마나 많은 사람이 나설 것 같습니까? 반대로 그들이 어려움에 처했을 때 당신은 선뜻 도와줄 수 있습니까?

당신의 인적 네트워크의 상당 부분은 지금의 당신 자리가 없어짐과 동시에 함께 사라질 것입니다. 현직을 떠나도 유지되는 관계가 있기는 하지만 생각보다 그리 많지 않습니다. 이것이 인간관계의 본질입니다. 지금 매우 절친한 관계도 현직을 떠나면, 즉 직접적인 이해관계가 소멸되어버리면 그 관계 역시 허공으로 사라져버리는 것이 현실입니다.

또 한 가지 놀라운 사실은 생각보다 사람들의 시야가 아주 좁다는 점입니다. '입에 달면 삼키고 쓰면 뱉는다'는 속담이 조금도 틀리지 않습니다. 철저히 단기적인 이익에 따라 움직이는 삶들이 대부분이며, 지금까지의 관계에 그다지 미련을 두지 않습니다. 지금까지 쌓아온 실적에 관계없이 그냥 폐기해버리는 경우가 대부분입니다. 소인배라고 비난할 수도 있겠으나 어쩌겠습니까, 그것이 인간관계의 본질입니다. 모두 기복이 심한 이 땅의 환경 때문입니다.

얼마 전 공직에서 퇴직한 한 지인이 필자에게 "퇴직을 하고 나니까 함께 근무했던 사람들에게서는 전화 한 통 안 오더라"면서 한숨을 내쉬었습니다.

인간관계를 통해 조금이라도 먼 미래를 내다보아야 하는데 그런 사람을 만나기가 쉽지 않습니다. 그것은 남녀노소를 불문하고 진실인 듯합니다.

인맥 형성에서 현명한 방법은, 우둔하게 무턱대고 이 사람 저 사람 만나느라 허둥대지 말고 한 사람을 만나더라도 심도 있는 교제를 통해 깊은 관계를 형성하는 것입니다.

누가 당신을 소개할 때 부족함이 없는 사람으로 자신을 만들어내는 데 좀 더 신경을 써야 합니다. 결국 인맥도 당신이 가진 귀한 자원을 배분하는 일이기 때문입니다.

✳

172

새로운 변화를 시도할 때면 불확실한 미래에 대한 두려움 때문에 평소 가까이 지내는 사람들에게 조언을 구하는 경우가 있을 것입니다. 그러면 그들은 대부분 변화보다는 그냥 그 자리에 머물라는, 현상 유지를 권할 가능성이 높습니다. 당신이 처한 상황을 명확하게 알지 못하는 그들의 입장에서는 그럴 수밖에 없습니다.

변화를 시도할 때면 누구든 신의나 의리 때문에 고민하게 됩니다. 새로운 경력을 만들어갈 때 이런 문제가 발생하지 않으면 좋겠지만, 대부분의 경우는 피할 수 없는 것이 현실입니다. 특히 회사에 결정적인 기여를 많이 한 중요한 사람이었다면 그만큼 상대에게 주는 충격도 크게 마련입니다. 때로는 배신자라는 낙인이 찍힐 수도 있습니다. 그러나 명분이 뚜렷하고 정직하다면 그렇게 결정한 후 책임을 지면 됩니다. 여기서 한 인간의 결단력이 돋보이는 것입니다. 껍질을 벗고 나오는 고통을 겪어야 제2, 제3의 혁명을 꿈꿀 수 있습니다.

오늘날처럼 변화가 심하고, 일자리를 몇 개씩 가져야 하는 시대에는 인맥의 패러다임도 바꿀 것을 생각해볼 필요가 있습니다. 인맥 역시 정기적으로 구조조정의 대상이 되어야 합니다. 위기를 극복하는 지혜의 하나로 인맥 네트워크를 다시 점검해보는 것입니다.

07.

당신의 가치를 알려라

당신은 사람들에게 자신의 가치를 알려야 합니다. 그러면 어떤 방법으로 당신의 가치를 알릴 수 있을까요? 물건이나 서비스를 팔듯 물량을 투입해서 광고할 수는 없지만 다음과 같은 요건을 갖추고 있으면 자신을 마케팅하는 데 크게 도움이 될 것입니다.

첫째, 항상 고객 중심의 사고를 해야 합니다.

직장에서 업무를 처리할 때도 고객 중심의 사고를 하는 사람과 그렇지 않은 사람은 사물을 바라보는 시각이나 업무를 대하는 열의 등에서 큰 차이가 납니다. 그러므로 '언제, 어디서나 고객에게 최고의 가치를 제공한다'는 모토를 갖고 생활해야 합니다. 직장 내에서 특정 업무를 수행할 때도 당신의 서비스를 공급받는 사람들이 누구인가를 사전에 분명히 인지한다면 고객에게 최고의 품질을 제공하는 일이 가능합니다.

둘째, 멀리 그리고 넓게 생각해야 합니다.

단순 판매는 눈앞의 고객에게만 초점을 맞춥니다. 지금 당장 고객이 물건을 사게 하는 것이 중요하지요. 그러나 마케팅은 고객들이 당신이 제공하는 서비스와 제품을 어떻게 판단하느냐에 승패가 달려 있습니다.

우수한 세일즈맨은 단기적인 세일즈에만 주목하지 않습니다. 당장 판매에 도움이 되지 않아도 잠재시장과 잠재고객을 찾아 부지런히 돌아다니고, 고객들의 작은 고민거리를 자신의 문제인 것처럼 생각하고 대안을 제공하기 위해 노력하는 자세를 보입니다. 그런 모습을 본 고객은 또 다른 고객을 연결시켜주게 됩니다.

자신만 열심히 한다고 뛰어난 세일즈맨이 되지는 않습니다. 세일즈맨이 잠을 자거나 휴식을 취하는 동안에도 그와 연을 맺은 사람들이 그를 위해 새로운 기회를 만들어주어야만 사업이 크게 번성하는 것입니다.

셋째, 한 번 맺은 관계를 소중하게 생각해야 합니다.

고객과의 만남은 자신의 전부를 드러낼 수 있는 마케팅의 기회입니다. 고객의 머릿속에 자신의 이미지가 어떻게 각인되느냐 하는 것은 일을 처리하는 과정에서부터 마무리까지 가는 동안에 드러나는 당신의 자세와 마음가짐에 달려 있습니다. 고객의 머릿속에 '확실하

고, 신속하고, 도전적이고, 활달한' 사람으로 각인된다면 재구매가
이루어질 것이며, 그들은 당신을 도와 마케팅을 대신해줄 것입니다.
그들은 당신을 알고 있는 것 그 자체를 든든한 자산이라고 생각할
수도 있습니다. 신뢰할 만한 사람을 소개해주는 것도 모두 그 때문
입니다.

그러나 매번 최고의 서비스를 제공할 수는 없습니다. 이를테면 서
비스를 제공하는 데 실패할 수도 있는 것입니다. 그런 때 당신이 최
선을 다했다는 인상을 확실히 심어줄 수 있어야 합니다.

넷째, 마케팅은 확실한 실력이 뒷받침되어야 합니다.
특히 개인 마케팅은 품성과 인격을 드러내는 일입니다.

승승장구하다 몰락해버린 사람도 있고, 처음에는 별로 눈에 띄지
않다가 세월이 갈수록 빛을 발하는 사람도 있습니다. 세상살이를 단
기적 게임으로 생각하는 사람도 많습니다. 그러나 감언이설로 사람
을 한두 번은 속일 수 있을지 몰라도 오랫동안, 그리고 많은 사람을
속일 수는 없습니다. 스스로 실력을 갈고닦지도 않으면서 요행에 의
지하여, 혹은 지위에 의지하여 마치 큰일을 하는 것처럼 으스대는
사람은 그 허세가 오래가지 못합니다. 줄을 대거나 운이 좋아 어떤
자리에 오를 수는 있어도 금세 바닥이 드러나는 법입니다.

비즈니스에서는 역시 일이 중요합니다. 기대 이상으로 깔끔하게
일을 처리하는 능력이 자신을 마케팅하는 데 무엇보다 중요합니다.
실력으로 자신을 나타내도록 해야 합니다.

✤

다섯째, 당신의 가치를 직장 내부 및 외부에 적극적으로 알려야 합니다.

알릴 수 있는 기회를 포착하면 다시없는 기회라고 생각하고 적극적으로 활용해야 합니다. 지금은 겸손이 미덕인 시대가 아닙니다.

당신의 가치를 발견하는 것 못지않게 중요한 건 그 가치를 타인에게 이해시키는 것입니다. 머릿속에만 존재하는 가치는 공상과 별 차이가 없습니다. 가치가 브랜드로 변하는 것은 다른 이들의 인정과 이용, 즉 소비되는 과정을 통해서입니다.

이를테면 "자기를 홍보하라!"는 말은 당신의 재능이 조직 속에서 덧없이 묻히는 것을 막기 위해서 일을 열심히 하는 것 못지않게 자신의 가치를 부각시키는 것이 중요하다는 이야기입니다. 효율적으로 자기 PR을 하는 사람은 자신의 가치를 두 배 세 배로 올리지만, 드러나지 않게 묵묵히 주어진 일만 잘 해내는 사람은 극단적인 경우 결국 구조조정 대상에 오르기 십상입니다.

위기에 있어서 백그라운드보다 중요한 건 자신이 개발한 스스로의 가치, 브랜드임을 명심해야 합니다. 브랜드란 단지 나를 비싸게 팔기 위한 것 이상의 의미입니다. 남과 다른 나의 존재가 이 세상을 사는 의미가 될 수 있는 것입니다. 그래서 자신의 가치를 발견하고, 그 가치를 알려야 합니다.

일곱 번째 징검다리

위기에서 희망으로 건너가기 위한 준비

01.

미리미리 준비하고 항상 움직여라

흔히 무엇인가 가치 있는 것을 이루기 위해서는 다소의 희생이 뒤따라야 한다고 생각합니다. 그것은 절반은 진리지만 나머지 절반은 진리가 아닐 수 있습니다. 어떻게 하느냐에 따라 성공을 쟁취하면서도 희생은 최소화할 수 있습니다. 모순된 것처럼 보이는 두 가지 목표를 동시에 선택하는 것입니다.

일생에서 가장 대단한 일이 아내와의 연애 다음으로 자신의 일이었다고 회고할 수 있다면 성공을 이룸과 동시에 자기희생을 최소화한 사람이라고 말할 수 있을 것입니다. 이는 당신이 일하는 것 자체를 마치 취미활동처럼 여겼으며 일을 즐기는 경지에 도달해 있었음을 나타내주는 것입니다.

일을 단순히 생계를 유지하기 위한 의무가 아니라, 자신의 발전과 성취를 위한 게임처럼 즐길 수 있는 대상으로 만들 수 있다면 성공과 자기희생의 최소화라는 두 가지 목표를 충분히 달성할 수 있을 것입니다.

세상은 항상 변화하고, 우리에게 주어지는 과제도 끊임없이 변화해갑니다. 그리고 변화는 항상 두려움을 수반합니다. 또 위기를 수반합니다. 두려움은 성장과 발전에 필수적이기는 하지만 결코 그것에 압도되어서는 안 됩니다.

사람은 언제 두려움에 압도당할까요? 아이러니하게도 모든 위기가 해결되어 더 이상 어려움이 없는 완벽한 세상이 존재한다고 여길 때입니다. 하지만 그런 세상은 결코 오지 않을 것입니다.

오늘 하루만이라도 당신의 입에서 불평이나 불만이 나오지 않도록 해보십시오. 그리고 왜 불평이나 불만이 생기는지 차분히 조사해보십시오. 아마 그 원인은 문제없는 세상이 가능하다는 당신의 믿음에 있을 것입니다.

살아가면서 맞닥뜨리는 여러 가지 위기를 해결 중심이 아니라 문제 중심으로 바라볼 때도 두려움에 압도당합니다. 변화가 있기에 기회가 생기는 것인데, 두려움에 압도되는 사람들의 눈에는 오로지 문제만 보일 뿐입니다.

변화에 휘둘리는 사람들은 대체로 느립니다. 이들은 우유부단함이나 게으름으로 인해 자신이 앞장서서 주도적으로 상황을 만들어나가지 못할 때 패배할지도 모른다는 두려움에 시달리게 됩니다.

*

... ★ ... 항상 절박감과 절실함으로 긴장하라

인생의 모든 상황을 스스로 주도해나가기 바랍니다. 이를 위해서는 미리미리 준비하고 항상 움직이는 것이 필요합니다. 상황에 끌려 마지못해 움직이는 것이 아니라 스스로 새로운 돌파구와 해결책을 만들어내야 합니다. 이때 팽팽한 긴장감을 유지할 수 있는지의 여부가 결정적인 요인으로 작용합니다.

적절한 긴장감과 긴박감으로 무장되어 있을 때 자신의 역량을 최대한 발휘할 가능성이 높습니다. 긴장감과 긴박감을 갖고 있는지 자신에게 물어보십시오. 그런 상태라야 문제의 해결책을 찾게 됩니다. 그때 비로소 삶이 하나의 게임처럼 바뀌게 될 것입니다.

여기서 필요한 것이 스스로 완급과 강약을 조절할 수 있는 능력입니다. 밀어붙일 때와 잠시 멈출 때를 지혜롭게 조절할 수 있어야 합니다. 미지근한 자세는 버려야 합니다. 확실히 밀어붙일 때는 전력투구하되 과속이라고 판단될 때는 완급을 조절해야 합니다. 이런 절제된 습관을 갖춘 사람에게는 진정한 의미에서의 위기는 없을 것입니다. 왜냐하면 그들은 위기야말로 기회의 또 다른 모습이라는 사실을 알고 있기 때문입니다.

긴장과 균형을 뿌리 깊은 습관으로 만들어야 합니다. 그것은 생활을 통해 몸에 완전히 익혀야 하는 버릇이기도 합니다. 무엇이든지 계획을 세우고, 그것을 지켜가는 습관을 하나하나 체득해나가면 완전히 자신의 것으로 만들 수 있을 것입니다.

02

초연함을 잃지 마라

인생의 행로에서 우리는 상처받은 사람들을 많이 만나게 됩니다. 예기치 않은 사건으로 불구의 몸이 된 사람, 어린 나이에 사고로 부모를 잃은 사람, 사랑하는 사람을 모두 떠나보낸 사람 등 아픔은 그 가짓수를 헤아릴 수 없을 만큼 다양합니다.

생로병사 가운데 인간이 통제할 수 있는 것은 매우 제한적입니다. 기쁨의 순간보다 슬픔의 순간이 다가올 때 사람들은 어떻게 반응합니까?

불행이라는 거대한 파도가 덮쳐 큰 고난으로 상처를 입게 되면 자신의 가능성을 박탈당하기도 하고 때로는 애써 이룬 것이 한순간에 허물어져내리기도 합니다.

그럼에도 불구하고 여전히 보다 더 성숙한 자신을 만들기 위해 노력하고 애쓰는 사람들이 있습니다. 그들은 자신을 그 험난한 지경까지 몰아넣은 문제나 운명에 책임을 돌리고 비난하기보다는 자신의 내면으로 들어가 '내 문제보다 나'에 관해 더 자세히 이해하려고 합니다. 이렇듯 삶을 현명하게 살아가는 사람들을 만나게 되면 큰 감동을 받지 않을 수 없습니다.

어린 시절 갑자기 부모를 여의고 갖은 고생으로 점철된 삶을 살아온 사람들이 있습니다. 그들 중에는 시련 속에서도 자신의 고난과 고통을 객관화하여 의식적으로 일정하게 거리를 두는 것을 생활화하는 사람들이 있습니다. 이들은 불행과 고통의 객관화라는 독특한 방법으로 스스로의 생존과 자기 성숙을 도모합니다.

정신의학자 나다니엘 브랜든Nathaniel Branden 박사는 이런 태도를 '초연함'이라고 부릅니다. 이것은 심리적인 장애와 고통, 그리고 혼란을 일으키는 현실에 압도되지 않고 오히려 초연하게 벗어나 자유로워지는 것을 말합니다.

초연함으로 어려움을 극복한 사람들은 고통과 고난의 시간이 세상의 전부가 아니라는 사실을 잘 알고 있습니다. 끝날 것 같지 않은 어두운 시간들이 영원히 계속되지 않는다는 사실도 잘 알고 있습니다. 석양 무렵의 노을처럼 불행 역시 한순간 머물다가 사라진다는 사실을 알기에 그들은 더더욱 불행을 객관화하여 그것과 함께 매몰되지 않도록 자신을 돌봅니다. 자신을 속이고 고통을 준 사람이 있더라도 세상의 모든 사람들이 그런 부류는 아니라는 사실을 이해합니다. 그래서 자신이 경험한 세상의 단면만 보고 그것이 세상의 전부라는 극단적인 생각을 하거나 그것에 기반을 둔 채 행동으로 옮기지 않습니다. 이러한 태도는 당면한 문제에 주눅들지 않고 당당하게 맞서면서 파멸로부터 벗어나게 합니다.

물론 '초연함' 그 자체가 불행한 사람이 무기력한 생각에 빠지지 않도록 보장해주는 것은 아닙니다. 다만 고통이나 불행의 시간에 그대로 얽매이지 않도록 도와주는 역할을 해준다는 말을 하고 싶을 따름입니다.

예기치 않았던 어려움이 덮칠 때 일시적으로 무력감을 느끼고 좌절할 수도 있습니다. 그럴 때 초연함을 유지하도록 노력해야 합니다. 고통의 순간은 곧 끝나게 마련입니다. 그 상황에서 벗어나 잠시 휴식을 취하면서 자신을 되돌아봅시다. 그리고 최선을 다해 산산조각나버린 파편들을 모아 다시 시작하십시오. 어차피 빈손으로 가는 것이 인생이라면 쌓아놓은 것을 지키기 위해 노력하는 것이나 허물어져버린 것을 다시 쌓기 위해 노력하는 것이나 모두 생각하기에 따라 의미가 있습니다.

위기가 닥쳤을 때 '이것이 세상의 전부는 아니다', '해는 다시 떠오른다'라는 마음가짐을 갖고 매몰되지 않도록 노력해야 합니다.

실직을 당한 후 극단적인 선택을 하는 사람도 있습니다. 하지만 오랫동안 정들었던 직장을 떠난다고 해서 흔히 생각하는 것처럼 최악의 상황이 닥치는 것은 아닙니다. 죽게 되는 것은 더더욱 아닙니다. 스스로 죽기로 작정하지 않는 한 결코 죽지 않습니다. 조금 떨어져서 생각할 여유를 찾는다면 인생은 언제나 새롭게 시작할 수 있는 것임을 깨닫게 될 것입니다.

오랜 직장 생활은 일종의 과잉 적응 상태를 낳습니다. 10년 혹은

20년 동안 한 직장에 머물다 보면 누구든지 그렇게 됩니다. 그 직장을 떠나면 모든 것이 끝날 것처럼 느껴지는 심리적 상태를 겪게 됩니다. 그러나 끝은 언제나 또 다른 시작입니다.

혹시라도 역경의 거친 파고가 당신을 덮친다면 이 사실을 기억하기 바랍니다. 누구든지 '초연함'으로 다시 재기할 수 있다는 사실을. 결국 실직과 같은 어려운 상황을 어떻게 받아들이느냐에 따라 모든 것이 달라집니다.

남아프리카공화국의 정신적 지주인 넬슨 만델라를 봅시다. 그는 보통 사람들은 경험할 수 없는 참혹한 일을 오랫동안 겪어야 했습니다. 백인 우월주의가 지배하던 시절 교도관들은 만델라의 인간성을 말살시키기 위해 무던히도 그를 괴롭혔습니다. 그러나 그는 강직한 품성과 상상력을 동원하여 주어진 시련기를 인생의 극적인 터닝 포인트로 삼았습니다. 훗날 오프라 윈프리의 토크쇼에서 그는 말했습니다.

"그 고난의 기간이 없었더라면 어쩌면 나는 내 인생에서 가장 힘든 과업을 이루지 못했을지도 모릅니다. 그곳에서의 체험이 나를 변화하게 만들었습니다."

위기가 왔을 때 자신을 피해자나 어찌할 수 없는 희생자로 낙하시킬 필요는 없습니다. 그 고난과 곤경의 시간들이 자신에게 무엇을 가져다주는가를 정확하게 찾은 다음 스스로 영웅적 정체성을 만들어가면 됩니다.

넬슨 만델라와 직접적으로 비교하는 것은 적절하지 않지만 그의 이야기를 읽고 당신에게 닥쳤던 몇 번의 시련을 다시 생각해보기 바랍니다. 치열하게 뛰면서 그토록 열심히 만들어왔던 모든 것들을 송두리째 잃어버린, 어쩌면 만델라와 비슷한 체험을 한 사람도 있을 것입니다.

결코 자신을 수동적인 피해자로 바라보지 마십시오. 고난이 결정적 전환점이 될 것이라는 믿음을 가지고 삶을 다시 추스르십시오. 새로운 경험에서 의미를 찾고 그 경험들을 삶의 일부분으로 통합시키는 데 성공한다면 겉으로는 변화가 없지만 내면에서는 완전히 다른 인물로 다시 태어나게 될 것입니다.

위기가 닥쳐도 결코 주눅들 필요는 없습니다. 정면으로 그 문제를 응시하고, 그것이 자신에게 어떤 의미를 주는지 생각해보십시오. '초연함', 그것이 하나의 해답이 될 수 있을 것입니다.

03.

행동으로 실천하라

만일 당신이 일자리를 잃어버리게 된다면 자신에게 이런 질문을 던져보십시오.

'일자리를 잃어버리는 데 결정적인 역할을 한 사람은 누구이고, 이 지경이 되도록 만든 상황은 어떤 것인가?'

나쁜 경영자와 상사, 무자비한 경쟁사들, 정부의 정책, 불경기 등이 꼬리에 꼬리를 물고 등장할 것입니다. 그러나 여기서 한 걸음 더 나아가 다음과 같은 물음에 답을 찾으면서 문제의 본질을 찾아보십시오.

● 누가 이 회사를 선택했는가?
● 이 회사에 들어올 당시 이보다 좋은 여러 대안이 있었음에도

불구하고 이곳을 고집한 사람은 누구인가?
- 뭔가 분위기가 심상치 않다고 느꼈을 때 울리던 경고음을 무시해버린 사람은 누구인가?
- '걱정할 것 없어, 이제껏 아무 일도 없었잖아. 앞으로도 아무 일 없을 거야'라며 애써 눈을 감아버린 사람은 누구인가?
- 이런 사태를 예상하고 대안을 마련해야 한다고 생각은 했지만 이런저런 핑계를 대며 자신의 미래를 주시하는 것을 게을리한 사람은 누구인가?

반드시 직장에서의 문제뿐만 아니라 인생이라는 여정에서 만나게 되는 문제마다 이 질문들을 던질 수 있습니다.

운명이라는 거대한 물줄기가 가져다주는 일에는 다소 면죄부를 줄 수 있습니다. 그러나 운명 역시 행운과 불행이 동시에 있습니다. 그런데 행운은 자신의 덕분으로, 불행은 타인이나 운명의 탓으로 돌릴 수는 없습니다. 이처럼 꼼꼼하게 따져 들어간다면 다른 사람에게 책임을 돌려야 할 부분은 별로 없을 것입니다. 당신이 안고 있는 모든 문제의 최종책임자는 당신 자신이라고 생각하면 됩니다. 그러면 다른 사람들에게서 면죄부나 동정을 구하는 일은 줄어들 것입니다.

다른 관점에서 보아도 책임을 회피하는 것은 아무런 도움이 되지 않고 자신만 점점 나약해질 뿐입니다. 그리고 무엇보다 큰 문제는 점점 홀로서기가 어려운 사람으로 변해간다는 것입니다. 따라서 모든 일의 결과에는 스스로 책임을 진다는 생각을 해야 합니다.

과거에 일어났던 모든 것을 털어버리려는 의식도 필요합니다. 특히 실직 등으로 인해 새로운 출발을 다짐하는 사람이라면 과거를 정리하는 시간이 무엇보다 중요합니다. 다시 시작한다고 생각하고, 어떤 상황에서도 한탄과 비난을 중지합시다. 그리고 행동으로 실천하십시오.

책임을 진다는 것은 무엇을 뜻합니까? 삶의 주도권을 자신이 쥐고 경영한다는 것을 의미합니다. 진정한 의미에서의 자유인입니다. 그 자유는 남이 준 것이 아니라 스스로 노력해서 획득한 것입니다.

인생에서 지향하는 목표가 지나치게 안정적이라면 선택의 폭은 그만큼 좁아질 수밖에 없습니다. 안정을 선택한 대가로 훗날 비용이 발생하거나 이미 발생하고 있다면 기꺼이 지불하고 책임을 져야 할 것입니다. 그렇다고 해서 현재 누리고 있는 물질적인 여유로움과 심적인 편안함에 변화를 주라는 뜻은 아닙니다. 선택의 결과로 상황이 악화되어 많은 비용을 지불하는 일이 발생하면 단호하게 '내가 책임진다'고 말하고 행동으로 옮겨야 한다는 의미입니다.

... ★ ... 위기에서도 책임을 져라

'스스로 책임을 진다'라는 것 때문에 많은 사람들은 어른이 되지 않고 어린아이로 남고 싶어 합니다. 성숙함이란 의존으로부터 독립으로, 외부의 도움으로부터 자구책으로, 다른 사람이 주도하는 결정으로부터 스스로 주도하는 책임으로 나아가는 것입니다.

자신의 인생을 자기 손안에 쥐고 주도적으로 살아가는 것이 얼마나 소중한 일인지 깨달아야 합니다. 그것은 스스로 독립하여 성숙하고, 온전해지고, 스스로 결정하는 것을 의미합니다.

위기 때 책임을 지고 행동으로 옮겨 위기를 극복한 사람으로 IBM의 회장 겸 CEO였던 루이스 거스너Louis Gerstner를 들 수 있습니다. 1993년 만우절, 거스너는 아무도 하고 싶지 않아 하는 일을 실행하려고 결심했습니다. 그의 표현에 따르면, '죽음의 소용돌이'로 들어가는 일입니다만, 최악의 적자행진을 계속하던 IBM을 살리려면 자신이 책임지고 처리하지 않으면 안 된다고 판단했습니다.

그리하여 그는 IBM에 일자리가 3만 5천 개가 줄어들 것이라고 선언했습니다. 그는 특히 이런 일은 처리하는 데 있어서 속도 조절이 중요하다고 판단했습니다.

속도 조절 외에 예상치 못한 장애물도 피해야 했습니다. 루이스 거스너는 주주나 시장이 속도를 내라고 하는 압력도 거절하고 자신만의 기준으로 신중하고 꼼꼼하게 처리함으로써 '세기의 위대한 기업의 회복'이라는 찬사를 들었습니다.

그는 월급만 받아먹는 중간관리직을 모두 정리하고 항상 직원들과 직접 대화를 나눴습니다. 중간에서 이간질하는 사람도 다 해고했습니다. 그리고 자신이 컴맹이라는 점을 솔직히 인정하면서 또 한편으론 IBM 직원들이 가지지 못한 자신의 경영과 마케팅 능력을 이야기함으로써 직원들과의 교감을 게을리하지 않았습니다.

루이스 거스너가 위대한 경영자의 반열에 오를 수 있었던 이유는,

IBM이 더 이상 컴퓨터와 컴퓨터 프로그램으로는 먹고살기 힘들다는 판단하에 IBM의 고급 인력들을 컨설팅 서비스에 주력하도록 해서 새로운 수익창출을 마련했기 때문입니다.

이러한 모든 상황들을 거쳐 그는 결국 위기를 극복했습니다.

어떤 일을 선택하고 결정하는 능력은 인간에게만 주어진 특혜입니다. 오로지 자신만이 자신의 인생을 책임질 수 있다는 명명백백한 사실을 인정하기만 하면 성공과 행복, 그리고 건강을 얻을 수 있을 것입니다.

이곳저곳에서 도움의 손길을 얻기 위해 방황해본 사람이라면 마지막에는 그 도움의 손길을 줄 수 있는 자는 오로지 자신뿐이라는 사실을 깨달았을 것입니다. 어떤 상황에서든지 스스로 책임을 진다는 자세를 확고히 견지합시다. 억울한 일, 미련이 남는 일, 후회스러운 일 등 삶의 무게를 감당한다는 생각을 확고히 해야 과거를 딛고 재기할 수 있는 출발선에 설 수 있습니다.

"자유는 책임을 뜻한다. 이것이 대부분의 사람들이 자유를 두려워하는 이유다."

아일랜드의 작가 조지 버나드 쇼의 명언입니다.

무엇인가를 선택하는 데는 필연적으로 책임이 따릅니다. 때문에 많은 사람들이 창조나 개척의 길을 선택하기보다는 주어진 숙명에 순종하는 길을 선택합니다. 가보지 않은 낯선 길에 대한 두려움 때문입니다.

두려움을 당당하게 받아들이는 것은 쉬운 일이 아닙니다. 만약 선택이 주는 두려움을 있는 그대로 받아들일 수 있다면 한 단계 성숙한 인간입니다.

직장을 잃으면 자신이 갑자기 사회로부터 추방된 무용지물처럼 느껴질 수도 있습니다. 그러나 그렇게 생각할 필요가 없습니다. 직장과 자신을 동일하게 볼 필요가 없으니까요. 이렇게 생각하면 실업을 지나치게 참담하게 받아들일 이유가 없어집니다.

인간의 앞일은 누구도 알 수 없지 않습니까? 훗날 이것이 또 다른 도약을 향한 기회였다고 회상할 수도 있습니다. '아! 그때 내가 실직을 당하지 않았다면 아마 지금도 다람쥐 쳇바퀴를 돌듯 살고 있을지도 모르지'라고 말입니다.

아름다운 회상이냐, 참담한 회상이냐는 결국 자신의 생각에 달려 있습니다.

위기의 삶을 메모하라

　실직이라는 위기를 맞게 되면 누구나 당황해합니다. 간혹 심약한 사람들은 공황에 가까운 상태에 빠지기도 합니다. 실직을 당하면 순간적으로 심한 분노와 불신, 그리고 좌절감과 허탈감을 느낍니다. 이런 감정들이 일정한 수준을 넘어서면 이른바 '실직증후군'의 희생양이 되기도 합니다. 심리학자들이 진단하는 실직의 증후군은 다음과 같습니다.

- 갑자기 의욕을 상실한다.
- 좌절한다.
- 쉽게 피로감을 느낀다.
- 충동적이 된다.

- 정신집중이 어려워진다.
- 자기 연민에 빠진다.
- 남의 탓을 한다.

이렇게 되면 타인에 지나지 않는 또 하나의 자신을 만나게 됩니다. 신경이 곤두서면서 사사건건 가족들과 충돌을 빚을 수도 있는데 이는 특히 유의해야 할 사항입니다. 자신의 실직으로 가족들 역시 실의에 빠져 있을 수 있으므로 공격적으로 대하거나 분노를 폭발시키지 않도록 주의해야 합니다.

허겁지겁 친구를 만나 답답한 심정을 토로하기도 하는데, 술을 벗 삼아서는 안 됩니다. 그럴 때는 잠시 여행을 다녀오거나 등산을 하거나 가까운 곳으로 자주 산책을 나가는 것이 좋습니다.

그러나 어느 누구도, 그 어떤 것도 자신을 근본적으로 구원할 수는 없습니다. 오로지 혼자의 힘으로 마음을 추스르고 다시 일어서는 수밖에 없습니다. 친구, 동료, 가족, 친인척 등은 약간의 도움이 될 수는 있어도 근본적인 해결책을 제시해줄 수는 없습니다.

... ★ ... 생활 일지를 써라

만일 당신 스스로 위기라는 판단이 서면 시간을 내어 자신의 내면 세계로 들어가 매일매일 일지를 씁시다. 하루의 생활을 찬찬히 기록하는 습관은 긍정적인 효과를 낳기에 충분합니다.

생활 일지를 쓰는 행위는 우선 난마亂麻처럼 얽히고설킨 감정을 차근차근 정리할 수 있도록 도와줍니다. 그러니 일지를 쓰면서 경제적인 것이든 미래에 관한 것이든 점점 복잡하게 꼬이는 그 속에서 문제의 핵심을 찾아내야 합니다. 그렇게 해서 복잡하게 이리저리 꼬인 문제들을 우선순위에 따라 정리해야 합니다.

그냥 생각하는 것만으로는 이런 일을 결코 해낼 수 없습니다. 위기의 시기일수록 자신의 생각을 다듬고 상처받은 자기 자신과 꾸준하게 대화를 나눌 필요가 있습니다. 자신을 가다듬는 데 성공하면 재기에 대한 기회나 계획도 빠르게 만들어낼 수 있습니다.

자신과의 진지한 대화는 뒤로한 채 상대해줄 타인을 찾는 경우, 상대가 누구라 해도 근본 해결책을 제공해주지는 못합니다. 물론 조금은 도움이 될 것입니다. 그러나 자신을 객관적인 또 한 명의 대화 상대로 삼아 마치 대화록을 기록하듯 생각을 차분하게 정리하면 더 큰 도움이 될 것입니다. 그것이 하나의 습관으로 자리를 잡는다면 그 효과는 상상 이상으로 클 것입니다.

생활 일지는 위기가 자신을 위협하기 이전부터 기록하는 것이 가장 바람직합니다. 그것은 어떤 보험보다도 위기를 극복하는 데 큰 힘이 되어줄 수 있습니다.

사람은 미리미리 준비하는 것에 익숙하지 않습니다. 남에게는 위기가 닥칠 수 있어도 자신에게는 그런 일이 비껴갈 거라는 막연한 기대감을 갖는 것이 사람들의 일반적인 모습입니다.

위기가 닥쳤다고 판단되는 순간부터 시작합시다. 다행히 워드프로세서에 익숙한 사람은 시작하기가 한결 쉬울 것입니다. 파일을 하나 만든 후 날짜와 제목을 정하고 매일 특별한 사건, 개인적인 심경, 아이디어 등을 마음 가는 대로, 특별한 형식을 정하지 않고 그저 기록하면 됩니다.

... ★ ... 규칙적인 생활을 하라

또한 과거에 직장을 다닐 때처럼 규칙적인 생활을 하는 것이 필요합니다. 생활에 규칙이 있어야 육체적인 기능과 활력을 일정하게 유지할 수 있습니다. 시간을 계획성 있게 보내야 긴장감이 유지되어 정신의 기능이 퇴화하지 않습니다. 불규칙적인 생활은 삶을 무의미하게 만들고 무기력하게 추락시킵니다.

규칙적인 생활을 하기 위해서는 우선 시간에 대한 계획을 세워야 합니다. 직장에 다닐 때와 똑같이 아침 일찍 일어나서 계획대로 생활하는 것입니다. 예를 들어서 자기관리에 대한 공부를 하거나 그동안 바쁜 생활로 미뤄두었던 책을 읽는 것 등입니다.

그리고 오후에는 약속한 사람을 만나거나, 새로운 직장을 구해 다시 직장생활을 하기로 결심했으면 그 결심대로 새로운 직장을 구하는 데 필요한 과정을 밟는 것입니다. 만일 독립하여 사업을 하겠다고 계획을 세웠다면 해당되는 직종이나 분야에 대해서 필요한 정보를 얻고, 그 방면에 종사하는 선배들을 만나는 등 매래를 위한 준비를 하는 것입니다.

여하튼 계획을 세워 그 계획대로 규칙적인 생활을 해야 합니다. 위기를 만났을 때 미래의 목표를 향해 가는 도중에 충전을 위해 잠시 쉬는 시간이라는 인식을 하고 보람 있고 유익하게 보내도록 해야 합니다.

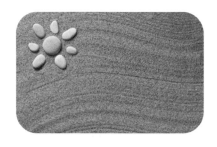

05.

세상을 새로운 관점으로 바라보라

위기에 처한 사람들이 극단적인 선택을 하는 이유는 무엇일까요? 그것은 모든 것이 끝났다고 단정하기 때문입니다.

직장을 떠나는 것은 끝이 아닙니다. 오히려 새로운 시작이 될 수 있습니다. 물론 익숙한 것과의 결별은 상당한 심적 고통을 수반하게 마련입니다. 그러나 그런 고통도 새로운 시각으로 접근할 수 있다면 완전히 다른 삶을 열어갈 수 있습니다. 사람은 어떤 상황에 처하든지 그에 대한 진단과 처방, 그리고 대안을 마련할 수 있습니다.

한 직장에서 20년 혹은 30년씩 근속하는 것이 보편적이었던 시대가 분명히 있었습니다. 그것은 사람들이 선택하는 일반적인 길이었고, 그 길 말고 다른 길은 거의 없었습니다. 최소한 지금의 40대들은 그런 믿음이 지배하던 시절에 직장 생활을 시작했습니다. 하지만 세상에 변하지 않는 것은 거의 없습니다. 세월이 가면서 환경도 바뀌고 사람들의 가치관도 변하는 것을 탓할 수는 없습니다.

지금은 몇 번씩 직장을 옮기는 것을 당연하게 받아들여야 합니다. 처음 인연을 맺은 직장이 안정된 자리를 오랫동안 보장해줄 수 없는 것을 당연하게 여겨야 합니다. 언제나 긴장감을 가지고 자신의 가치를 유지하고 높이기 위해 노력해야 하며, 자신이 회사를 선택할 수 있는 주체라는 사실을 받아들여야 합니다. 수명 또한 길어져 제2막, 제3막의 인생을 기획할 수도 있습니다.

올바른 생각으로 살아가는 일은 정말 중요합니다. 물론 그렇게 살아가고 있는 사람도 예기치 않은 실직을 당하면 당황하게 마련입니다. 살아가면서 위기가 없다면 안정과 편안함은 있을지 모르나 발전이나 성장은 없을 것입니다.

이왕 삶을 살아야 한다면 고밀도 삶을 살아야 합니다. 여기서 밀도란 같은 시간을 살더라도 어려움을 극복하고 새로운 길을 개척해 나가기 위해 전력투구하는 시간을 말합니다.

어려운 상황이 발생할 경우 반드시 세상의 기준에 따라갈 필요는 없습니다. 자신의 주관을 또렷하게 세워 자신의 관점으로 사물을 볼 수 있어야 합니다.

자신의 관점으로 세상을 보고 위기를 극복한 사람으로 푸르덴셜 캐나다의 회장이었던 론 바바로Ron Barbaro를 들 수 있습니다. 한 에이즈 환자가 사망했는데, 그의 부모는 가난하여 아들의 생전에 아들 면회 한 번 하지 못했습니다. 그들은 아들의 사망 보험금을 탔으나 다시는 아들을 만나볼 수 없었지요. 이러한 현실을 보고 바바로는 죽은 다음에 타가는 사망보험이 아닌 생전에 타갈 수 있는 생명보험을 만들었습니다.

이렇게 관점을 달리해서 볼 때 위기 극복의 지혜와 아이디어가 생기는 것입니다. 론 바바로가 남다른 관점으로 세상을 봄으로써 푸르덴셜캐나다는 위기 극복은 물론 세계 최고의 보험회사로 도약하게 되었습니다.

... ★ ... 위기는 기회의 뒷모습이다

"기회는 앞머리에만 털이 있지, 뒤통수는 대머리다. 당신이 만약 기회를 만나거든 그 앞머리를 꼭 잡도록 하라."

프랑스의 작가 F.라볼레의 말입니다.

그런데 기회의 앞머리에 달린 털은 '위기'라는 모자로 덮여 있어서 잘 보이지 않는다고 합니다. 그 위기라는 모자를 벗겨야만 그것이 기회인 줄 알게 된다는 것이지요.

필자는 교사생활을 하다가 뜻하지 않은 사건으로 교직으로 떠나는, 인생 최고의 위기를 맞이했던 적이 있습니다. 그때 필자만 바라보고 있는 아내와 어린 자식을 데리고 살아갈 날이 정말 막막하기만 했습니다. 그러나 필자는 좌절하지 않고 그 위기의 시간을 부족한 어학실력을 갈고닦는 일로 보냈습니다. 그 덕분에 얼마 안 되어서 외국인 회사에 취직할 수 있었습니다.

이런 필자의 경험이나, 앞에서 언급했던 위기를 극복하고 성공한 노정호 씨, PG베스트먼트홀딩스 박기출 회장의 경험으로 확신할 수 있는 것은 위기란 기회의 또 다른 모습이고, 그런 시련을 통해 자신의 인생을 한 단계 업그레이드할 수 있다는 것입니다. 어쩌면 당신에게 닥친 위기가 진정한 자유의 길을 제공할 수도 있습니다.

사람은 위기를 경험하면서 성장할 수 있습니다. 거기에는 알을 깨고 나가야 하는 고통은 있겠지만 그런 과정을 거쳐야 진정 홀로설 수 있는 것입니다.

06.

사람을 쉽게 믿지 마라

　직장에서 만나는 사람들과의 관계는 장기 거래관계입니다. 그러나 직장을 떠난 이후에 새롭게 만나는 사람들은 대부분 단기 거래관계일 가능성이 높습니다. 특히 창업의 길을 생각한다면 기존의 인맥을 벗어난 사람들이 대부분일 것입니다.

　거리를 다니다 보면 많은 프랜차이즈 점포들을 보게 됩니다. 당신이 창업을 준비하고 있다면 그 점포들을 볼 때마다 '장사는 제대로 될까?', '점포 주인은 돈을 얼마나 투자했을까?', '얼마나 오랫동안 점포를 유지할 수 있을까?' 등등 별별 생각들이 머리를 스쳐지나갈 것입니다.

　인간이란 본래 자기 이익을 추구하기 위해 충실하게 움직이는 존재입니다. 서로의 관계가 경제적 이익과 연결되어 있거나 단기적 거래관계일 경우에는 더욱 그렇습니다. 이익이 관련되었을 때 누군가를 배려하는 일은 일반적인 모습이 아닙니다. 때로 사람들은 자신에게 이익이 된다면 상대방을 최악의 상황까지 몰아넣을 수 있습니다.

당신이 만약 직장을 떠났다면 있는 그대로의 모습에 주의를 기울여야 합니다. 오랜 직장 생활에서 만났던 사람들을 떠올려서는 안 됩니다. 그들은 장기 거래관계에 있었던 사람들이기 때문에 동료를 속이거나 이용하는 것이 쉽지 않습니다. 그러나 세상에 나온 이후에 만나는 사람들은 호시탐탐 당신의 허점이나 약점을 파고들어 이용할 수 있다고 가정해야 합니다.

모든 사람들을 의심의 눈초리로 바라볼 필요는 없지만 스스로 보호하는 안전장치를 해놓지 않으면 힘들게 모은 재산을 순식간에 날려버릴 수 있습니다. 이것은 과거의 경력, 직위, 학벌과 아무런 상관이 없습니다. 오히려 현직을 떠날 때 직위가 높았거나 학벌이 좋았던 사람일수록 인간의 본래 모습에 눈이 어두워 큰 손해를 볼 가능성이 높습니다. 어느 창업 전문가는 소자본으로 창업에 뛰어드는 사람들에게 창업 1계명으로 '의심하라'라는 주문을 했습니다.

... ★ ... 창업 1계명, 의심하라

그런데 남에게 속는 것도 경험해보지 않으면 그 실체를 정확하게 이해할 수 없습니다. 선의로 접근하는 타인을 항상 주의와 의심의 눈초리로 바라보기란 어려운 일입니다. 게다가 당신은 직장 생활을 오래해왔기에 적절한 긴장관계를 오랫동안 유지하는 데 익숙하지 못합니다. 적과 아군의 관계 아니면 형과 아우의 관계, 그 중간선을 지켜나가기가 매우 힘들지요.

조그만 경험이라도 타인에게 이용당하거나 속은 경험이 있는 사람들은 '이용당한다'라는 의미가 무엇인지 체득하고 있을 것입니다. 하지만 이런 경험은 손쉽게 얻을 수 없다는 데에 맹점이 있습니다. 조직을 떠나 창업을 꿈꾸는 사람들은 이런 종류의 경고를 수없이 많이 듣고 책도 많이 읽지만, 자의 반 타의 반으로 어려움에 빠지는 경우가 많습니다.

어느 누구에게나 마찬가지입니다. 여러 종류의 사람들이 접근하는데 그들 대부분은 자신의 이익을 구하는 사람들입니다. 다행히 당신이 이론으로 알고 있던 인간의 모습을 훨씬 생생하게 체득했던 경험이 있다면 접근해오는 사람들을 객관적으로, 차분하게, 한 발짝 물러서서 지켜볼 만한 여유가 있을 것입니다. 또한 어떤 저의를 갖고 접근하는가도 어느 정도 파악할 수 있을 것입니다.

만일 당신이 사업 경험을 통해 '인간이 본래 어떤 존재인가'라는 질문에 대해 나름대로 정리할 기회가 없었다면 당신 역시 여러 번 이용당하는 어려움을 경험할 수밖에 없을 것입니다.

정말로 안타까운 일은 직장을 떠난 후 얼마 되지 않아 사기성이 농후한 창업 프랜차이즈에 걸려 재산을 날려버리는 경우가 많다는 것입니다. 접근하는 상대방은 산전수전에 공중전까지 경험한 사람들입니다. 그들은 그동안의 수많은 실전 경험을 통해 직장을 떠난 사람들의 심리적 약점을 교묘히 이용합니다. 그래서 그들의 먹잇감이 되는 사람들이 의외로 많은 것입니다.

어려움에 빠진 사람들의 경우 대개 하루가 멀다 하고 쏟아져나오는 광고에 현혹되거나 얼굴이 잘 알려진 유명인이나 연예인들에 의해 과대포장된 업체에서 피해를 당합니다. 간단한 가정, 이를테면 '광고를 만드는 회사도 자기 이익을 위해 움직인다. 마찬가지로 연예인이나 유명인들도 자신의 이익에 따라 움직인다'라는 가정만으로도 어느 정도 객관성을 유지할 법한데, 의외로 세상 물정에 어두운 사람들이 많습니다.

모든 사람들은 자신의 이익을 충실하게 챙깁니다. 직장 이후의 세계에서 만난 사람들이 지나치게 선의적으로 접근해온다면, 모든 경우가 그렇지는 않겠지만, 항상 일정한 거리를 두고 관계를 유지해야 할 것입니다.

'모르면 당한다.'

이것은 오늘날 우리 사회의 진리입니다.

'순진하면 당한다.'

이 역시 마찬가지입니다. 사람은 스스로 자기 자신을 보호해야 할 책무가 있습니다. 사기 사건이 많은 현시대에 당신을 보호하는 것은 뭐니뭐니해도 당신 자신의 몫입니다. 그러므로 지나치게 사람을 믿지 말고, 매사를 치밀하게 대해야 합니다. 철저한 사전 준비 없이 갖고 있는 돈을 전부 투자하겠다고 결정하는 사람들은 항상 이 점을 기억해야 합니다. 한번 엎어지면 재기하는 데 큰 비용을 지불해야 합니다.

✤

젊은 날 이런저런 사업을 두루 경험하고 현재는 팔순이 넘은 나이에 고향인 시골로 낙향해 농사를 짓고 계시는 한 할아버지께서 자신의 삶을 돌아보며 필자에게 이렇게 말씀하셨습니다.

"사업이란 본래 흥하고 망하고 하는 거라네. 모든 경우에 다 성공할 수만은 없지. 그런데 내 무지나 지나친 욕심 때문에 다른 사람들에게 속았던 기억은 세월이 지나도 가슴이 아파. 그 폐해를 극복하기 위해 참담하게 보냈던 시절이 가장 뼈아픈 기억들로 남아 있네."

07.

어떤 위기 속에서도 자존심을 잃지 마라

"이 세상에서 당신 혼자서 마음대로 할 수 있는 것은 오직 당신 생각과 마음뿐이다. 따라서 그 생각과 마음에 의해 모든 것이 결정된다."

개인과 집단의 능률향상에 대한 세미나로 유명한 미국의 동기부여 심리학자 제임스 뉴먼James Newman의 말입니다. 즉, 자기의 뜻에 따라 조정할 수 있는 마음과 생각에 의해 성공과 실패가 좌우된다는 의미입니다.

생각과 마음에 좌우되는 것 중 하나가 자존심입니다.

그러면 자존심이란 어떤 것일까요? 그리고 어떤 경우에 힘을 발휘할까요?

자존심이 높으면 높을수록 정서, 창의성, 사고력이 풍부합니다.

또 삶의 고비마다 맞닥뜨리게 되는 위기도 지혜롭게 극복해낼 가능성이 높습니다.

나다니엘 브랜든 박사는 자존심의 힘에 대해서 이렇게 말하고 있습니다.

"자존심은, 자신에게 생각하는 능력이 있으며 인생살이에서 만나게 되는 위기에 맞서 이겨낼 수 있는 능력이 있다는 믿음이다. 그리고 스스로 가치 있는 존재임을 느끼고, 필요한 것과 원하는 것을 주장할 자격이 있으며, 자신의 노력으로 얻은 결과를 즐길 수 있는 권리를 가지면서, 행복해질 수 있다고 믿는 것이다."

그렇습니다. 자존심은 다른 사람들이 줄 수 있는 그런 능력이 아닙니다. 이것은 개인적으로 체험하는 은밀한 경험이므로 자신의 내면 깊은 곳에 놓여 있습니다. 내가 스스로 나에 대해 생각하고 판단하고 느끼는 것이지 다른 사람이 대신해줄 수 있는 일이 아닙니다. 때문에 자기의 자유 의지로 선택할 때에만 자존심이 만들어지게 됩니다. 따라서 자존심의 근원은 각자의 내부에 있는 것입니다. 물론 다른 사람이 나에게 높은 자존심을 가질 수 있도록 약간 도움을 줄 수는 있습니다. 하지만 궁극적인 선택은 자기 자신이 해야 합니다.

브랜든 박사는 우리에게 이렇게 권고하고 있습니다.

"자존심은 외적인 성공이나 실패보다는 내면적인 정신의 기저에 뿌리를 두고 있다. 이것이 자존심의 요체다."

사람들은 이런 점을 알지 못하기 때문에, 불필요한 많은 분노와 자기 불신에 빠지게 됩니다. 만약 의지 조절과 무관한 기준으로 자신을 평가한다면 불가피하게 수시로 변하는, 인정받지 못할 자존심을 갖게 되는 위험한 상태에 놓입니다.

그러나 최선을 다해 노력했음에도 불구하고 특별한 일에 실패한다면 자존심은 손상되지도, 영향을 받지도 않습니다. 비록 우리가 성공했을 때 느낄 수 있는 자부심 같은 것은 경험할 수 없다 할지라도 말이지요.

... ★ ... 자존심은 위치나 능력과는 무관하다

이 세상에 실패를 경험한 적이 없는 사람은 한 명도 없습니다. 그리고 위기를 만났을 때 '이번에는 재기가 힘들 것이다'라는 이야기를 들은 적이 있을 것입니다. 또한 실패를 했을 때 이런 생각을 했을 것입니다.

'나에게 실패나 실수란 과연 무엇인가? 나는 이 일로 무엇을 잃고, 무엇을 얻었는가?'

깨달아야 할 것은, 자신에 대한 자존심은 어떤 직위나 재산이나 유명세 때문에 생긴 것이 아니라는 사실입니다. 외형적인 성공이나 성취와는 관계없이 위기에 굴하지 않고 진지하게 자신의 판단에 따라 성실히 한 발짝 한 발짝 나아갔기 때문에, 그리고 설령 잘못이 있다 해도 그 잘못을 기꺼이 받아들여 고쳐가려고 했기 때문에 자존심을 가질 수 있었던 것입니다.

자신이 완전하기 때문에 자존심을 갖는 것이 아니고 부족함을 채울 필요가 있어서 그 노력의 일환으로 자존심을 갖는 것입니다. 그리고 그런 경험들이 위기의 터널을 벗어나는 데 큰 역할을 할 것입니다.

어떤 상황에 처해 있든 자신에 대한 평가를 외형적인 것에 내맡겨서는 안 됩니다. 위기를 진지하게 대하면서 삶을 개척하려는 용기를 가진 것만으로도 스스로에 대해 자존심을 갖고 자신을 대우해주어야 할 충분한 이유가 됩니다. 즉, 자존심은 누구의 도움에 의해 가능한 것이 아니라 자신의 개인적인 선택인 것입니다.

자존심은 인생의 위기를 극복하는 능력으로써, 그리고 행복을 누릴 만한 가치가 있는 존재로서 스스로 경험하는 성향입니다. 그러니 어떤 위기가 닥쳐도 자존심을 잃지 마십시오.

08.

계속 전진하라

누구에게나 지나가버린 일은 아름다운 색채로 남습니다. 그러나 지나간 조직 생활이 만족스러웠던가 아니었던가는 그다지 중요하지 않습니다. 중요한 것은 앞으로의 삶입니다.

그런데 앞으로의 일 가운데 확실한 것은 분명하지 않습니다. 이때 흔히 빠지기 쉬운 현상이 자기 연민입니다. 역경과 위기가 닥치면 한 인간의 진면목이 거의 여과 없이 드러나게 되는데, 역경을 하나의 기회로 받아들이는 사람들이 있는가 하면 과거로부터 한 발짝도 내딛지 못하는 사람들도 있습니다.

살아가는 것 그 자체를 '발견해가는 과정'으로 받아들일 수 있다면, 언제든 어디서든 또한 어떤 상황 속에서든 즐겁게 살아갈 수 있을 것입니다. 위기 상황에서도 마치 보석을 찾는 자세와 심정으로 새로운 역전의 기회를 발견해낼 수도 있습니다.

... ★ ... 위기를 기회로 만든 베토벤

1793년 스물두 살의 베토벤은 음악의 도시 빈에 머무르고 있었습니다. 그는 천재 음악가 모차르트가 활동했던 빈에서 모차르트를 능가하는 위대한 음악의 세계를 펼쳐 보이고 싶은 열정을 가지고 있었습니다. 비록 현실은 힘들지만 위대한 음악의 세계를 펼쳐 보이고 싶은 열정 하나로 음악 공부는 물론이고, 생활비도 직접 해결해가며 공부했습니다.

그는 당시 최고의 음악가였던 하이든, 요한 밥티스트 크라머, 요한 게오르그 알브레히즈베르거, 안토니오 살리에리, 엠마누엘 알로이스 푀르스터 등을 스승으로 모시고 여러 장르의 음악에 실력을 키워나갔습니다. 그렇게 몇 년이 지난 1796년, 베토벤은 수첩에 이렇게 적으며 자신을 키울 질문을 찾아냈습니다.

"육신은 아무리 가냘프고 약할지라도 나의 정신은 꼭 이기고야 말리라! 스물다섯! 나도 이제 스물다섯 살이다. 인간으로서 모든 역량을 드러내야 할 나이가 된 것이다. 내 여건이 어떻든 지금 모든 역량을 드러내야 할 시기가 아닌가!"

그 무렵, 베토벤은 차츰 청력을 잃어가고 있던 암울한 시기였습니다. 음악가를 꿈꾸는 사람에게는 무엇보다 중요한 청력을 잃게 되었던 것입니다. 그러나 그는 남다른 의지로 고통을 참고 오히려 힘을 내어 자신의 모든 역량을 이끌어내기 위해 최선을 다했습니다. 그가 친구에게 보낸 편지에 그런 강인한 의지가 잘 드러나 있습니다.

"가능하면 이 처절한 운명과 싸워보고 싶네. 청력을 잃고도 위대한 음악가가 될 수 있지 않겠는가?"

그는 강한 정신력을 바탕으로 수많은 작품을 만들어냈습니다. 시련으로 인해 베토벤은 '영웅'이라는 주제에 더욱 끌리게 되었는지도 모릅니다. 비참한 운명에 처한 인간을 구제할 특별한 능력을 소유한 영웅! 고통에 허덕이는 세상 사람들도, 병마에 시달리는 자신도 그 영웅의 힘으로 일어설 수 있으리라는 꿈을 꾸었던 것입니다.

그의 꿈속에 들어온 당대의 영웅은 나폴레옹 보나파르트였습니다. 그가 보기에 나폴레옹은 시민의 대변인이자 평화의 전도사로서 폭군들을 물리치고 인간의 권리를 되찾아줄 공화주의자였지요. 나폴레옹을 생각하며 베토벤은 교향곡을 작곡하였고, '보나파르트'라는 제목을 붙였습니다.

그러나 1804년 12월 나폴레옹이 황제에 즉위했다는 소식을 들은 베토벤은 나폴레옹에게 바친다는 헌사 부분을 찢어버렸습니다.

"나폴레옹은 영웅이 아니었어. 권력욕에 사로잡힌 평범한 인간일 뿐이었어."

베토벤은 자신이 나락으로 추락하는 것 같았습니다. 겨우 마음을 진정한 그는 생애 최고의 대작에 '영웅'이라는 제목을 붙였습니다.

✽

그렇게 교향곡 〈영웅〉은 우리들 앞에까지 전해지게 되었습니다.

가혹한 시련과 위기를 만났을 때, 그것을 위기로 받아들이느냐 아니면 새로운 도약의 기회로 받아들이느냐 하는 것은 자신에게 달려 있습니다. 세상 사람들이 '이번에는 정말 피하기 어려울 것'이라고 수군거릴지라도 오히려 한 단계 도약하는 기회로 만들어야 합니다. 그래야 위기는 또 하나의 기회로 변화합니다.

삶의 고비마다 순간적인 선택이 운명을 결정짓는 경우들이 있을 수 있습니다. 그때마다 '옛날로 돌아가고 싶다', '예전에 하던 일을 하고 있다면 얼마나 좋을까!'라고 아쉬워한다면 회한과 비탄에 내몰리게 될 것입니다.

그럴 게 아니라 '나는 지금 화려하게 꽃을 피우기 위해 노력하고 있는가?' 하고 자신에게 물어야 합니다. 진정으로 위기를 넘어 새로운 장을 열고자 한다면 지금 이 순간, 지금 이 자리에서 최선을 다해야 합니다.

... ★ ... 위기 때 진정한 모습이 나타난다

위기와 기회가 마치 씨줄과 날줄처럼 촘촘히 엮여 있는 것이 우리의 삶입니다. 모든 일이 술술 풀리는 때가 있는 반면에 하는 일들마다 어지럽게 얽히고설켜서 한치 앞을 내다보기 어려운 때도 있습니다.

어려운 위기의 순간이 오면 그 사람의 진정한 모습이 자연스럽게 드러나게 됩니다. 만일 당신에게 어려운 위기의 순간이 닥친다면 어떤 선택을 하겠습니까? 당황해하고 초조해하면서 핑계를 찾는 데 급급하겠습니까? 아니면 차분히 내면세계를 들여다보며 이 위기가 새로운 경험과 새로운 기회를 줄 수 있을 것이라고 마음을 다잡겠습니까? 이것은 결국 당신이 선택할 일입니다.

당신은 살아온 나날이 아니라 살아갈 나날을 흥미진진하게 여기고 다시 출발할 수 있습니다. 언제, 어떤 상황에서도 미래를 보고, 미래를 이야기할 수 있어야 합니다. 그때 미래도 비로소 당신에게 화답할 것입니다.

도산을 넘어서는
위기극복의 지혜

01.

도산이란 무엇인가?

오늘날 불황이 장기간 지속되면서 도산하는 회사들이나 문을 닫는 가게들을 많이 보게 됩니다. 그런 불행한 일을 당하지 않으려면 먼저 도산에 대한 정확한 이해가 있어야 합니다. 그래야 그것을 극복하는 방법도 찾을 수 있습니다.

도산을 한마디로 정의하기는 어렵습니다. 흔히 두 번째 부도를 냈을 경우를 도산이라고 하지만 엄밀한 의미에서 그것은 은행의 거래정지, 그것도 당좌예금이 묶인 것이기 때문에 도산이라고는 할 수 없습니다.

또 화의신청에 들어간 단계를 사실상 도산이라고 말하지만 회사의 사업을 단념케 하기 위해서 화의를 시도하는 일은 있을 수 없습니다. 그리고 금융기관에 예정대로 변제할 수 없게 되는 것도 기한의 이익을 잃는 셈이어서 결국 도산으로 이어진다고 생각하는 사람이 많은데, 그전에 미리 손을 써두면 결코 도산에 이르지 않습니다.

도산이란 채무 초과 상태에서 법인의 경영이 동결되는 것을 말합니다. 따라서 회사 경영을 정지하는 단계에서 채무 초과가 아니면 단순히 회사를 정리하는 데에 지나지 않습니다. 최종적으로 채권·채무를 정리하고 남은 재산의 분배 방법을 이사회에서 의결하면 그것으로 회사 정리가 완료됩니다.

도산이라는 용어는 경영자나 사원들에게 매우 공포감을 주는 말입니다. 그래서 회사 경영을 계속할 수 있는데도 불구하고 주위의 풍문 등에 휘말려 경영자 자신이 도산을 하고 마는 경우가 많습니다. 그러므로 도산의 정확한 정의를 이해할 필요가 있는 것입니다.

02.

사업 계속이냐, 도산이냐를 가름하는 기준

이제 마지막으로 생각할 것은 '도산시킬 것인가, 아니면 계속 사업을 할 것인가?'입니다. 이때는 빨리 결정을 내려야 합니다. 마지막 선택의 순간에는 결정을 미루면 미룰수록 손해입니다.

크든 작든 간에 사업을 하는 사람치고 위기나 도산을 걱정해보지 않은 사람은 없을 것입니다. 문제는 결정적인 순간에 회사를 도산시킬 것인지, 아니면 사업을 계속해나갈 것인지 판단하는 데 따르는 어려움이 대단하다는 것입니다. 그 이유는 경영 상태를 제대로 파악할 수 있는 지침이 없는데다가 마땅히 상담할 곳이 없기 때문입니다. 그래서 어물거리다가 기회를 놓치거나 잘못 판단하게 됩니다.

그럼 여기서 도산 위기에 대해 생각해보기로 하겠습니다.

도산하는 회사의 공통점은 영업이익이 발생되지 않는다는 것입니다. 즉, 총매출액에서 일반관리비를 뺀 영업이익이 나오는가 하는 것이 중요합니다. 다음으로는 영업이익은 있지만 영업 외 비용이 그 액수를 초과하는가입니다. 영업 외 비용이란 이자나 손익계산에 나타나지 않는, 빌린 돈을 갚는 데 필요한 비용 등을 말합니다. 이러한 지출이 경영에 불안 요인이 되는 이유는 회사가 차입에 의존하는 체질 때문입니다.

영업이익이 나지 않는 회사는 채무 초과 상태임이 분명하며, 자금 부족과 장래 불안이 내재해 있다고 보면 됩니다.

도산의 3대 요소는 채무 초과, 자금 부족, 그리고 장래 불안입니다. 이 세 요소 중 채무 초과나 자금 부족만으로는 완전한 도산 요인이 되지 않지만, 도산에는 반드시 이 두 가지가 포함되어 있습니다.

채무 초과인 회사는 의외로 많습니다. 그러나 장차 갚을 수만 있다면 그리 문제될 게 없습니다. 자금 부족 역시 조달할 능력이 있거나 채권자로부터 기한을 연장받을 수 있다면 크게 염려하지 않아도 됩니다.

한편 장래 불안은 직접적인 요인이 아니라고 생각할 수 있지만, 사실은 큰 영향을 미칩니다. 직원들의 사기에서부터 거래처와의 관계 유지에까지 영향을 주게 됩니다. 사업의 장래성을 기대할 수 없으면 경영에 무리가 생기고, 영업이익을 낼 수 없게 될 뿐만 아니라, 그로 인해 재정 마이너스가 증가되기 때문입니다.

03.

재기와 재생으로 가는 길

하지만 그렇게 끝내지 않고 재기와 재생으로 이어가려면 어떻게 해야 하는지 그 방법을 함께 생각해보기로 하겠습니다.

첫째, 도산에 대해서 정확하게 판단해야 합니다.

도산 위기 때 최초로 결정해야 할 갈림길은 '사업을 계속할 수 있는가?' 하는 것입니다. 그 판단 기준은 다음의 세 가지로 요약할 수 있는데, 무엇보다도 사업의 장래성으로, 사업을 계속하면 채산성이 맞느냐 하는 것입니다. 채산성이 맞지 않는 사업도 많으니까요.

그 다음으로는 채무 초과입니다. 대부분 경제적 위기를 맞는 원인은 채무 초과 때문입니다.

마지막은 자금 부족으로, 일시적인 부족은 어느 회사나 있게 마련이지만, 위기에 몰린 회사는 도저히 해결할 수 없는 자금 부족이 발생합니다.

둘째, 어떻게든 채무를 정리해야 합니다.

영업이익이 나오고 있다면 도산을 피해야 합니다. 그렇다고 해도 대출변제는 괴로운 일이므로 가급적 은행 및 금융기관의 채무부터 정리하는 것이 좋습니다. 이 경우, 경영개선 계획서를 작성하여 은행과 상담을 해야 하는데 만약 은행이 잘 들어주지 않으면 공인회계사나 변호사와 함께 동행하는 것이 좋습니다.

마지막으로, 도산을 하더라도 장래성이 있다면 사업은 계속하는 것이 좋습니다.

단, 회사의 규모를 축소하더라도 영업이익이 나야 하며, 그렇지 않을 때는 다음과 같은 두 가지 방법 중에서 하나를 택해야 합니다.

먼저 경영개선 계획서를 만든 다음 채권자의 협조를 받는 방법입니다. 이때 채권자가 동의하지 않으면 불가능한데, 동의했을 경우 법적 처리에서 화의에 가깝습니다.

다른 방법은 회사를 도산시키기 전에 또 하나의 회사를 만들어 단골거래처와의 신뢰관계를 유지하면서 사업을 계속 유지하는 것입니다. 이 방법은 회사의 채무관계는 없어진다는 이점이 있으나 사장 개인 재산이 없어진다는 단점이 있습니다.

개인 재산을 포기한다는 것은 굳센 각오가 있어야 합니다. 그러나 중소 · 영세사업을 하는 사람이라면 그만한 기개와 의지를 가지고 있어야 합니다. 대기업의 봉급쟁이 사장과는 근본적으로 다릅니다. 그 정도의 기개만 있다면 도산도 두려워할 것 없습니다.

… ★ … 도산은 '끝'이 아니라 '휴식'이다

누구도 도산을 좋다고 생각하는 사람은 없을 것입니다. 경영자들이 무엇보다도 도산을 싫어하는 것은 사업과 회사, 그리고 자신의 삶이 그대로 끝난다고 생각하기 때문입니다.

그러나 도산은 끝이 아니라 잠시 휴식이라고 생각하면 결코 두려워할 것 없습니다.

04.

더욱 강하게 사는 기회로 삼아라

농기구 판매업을 하는 이윤구 사장은 창업한 지 4년 만에 채무 초과로 도산 위기를 맞았습니다. 작년에 많은 비로 농사가 어려워지면서 농기구마저 판매가 되지 않아 정리하지 않으면 안 되는 상황에 놓였지요.

이 사장의 총채무액은 10억 원으로 제2금융권의 자금과 사채였습니다. 한마디로 부채 초과 경영으로, 종업원은 없고 아내와 함께 일하는 가족형 회사였습니다. 하지만 당장 손을 쓸 수가 없었습니다. 그리하여 변호사를 찾아가 모든 것을 위임했습니다. 그리고 채권자 일람표에 따라 변호사 개입 통지를 냈습니다.

그렇게 해서 변호사의 도움으로 당장 생활비는 마련했으나 앞길이 막막했습니다. 다음의 일이 도저히 생각나지 않았습니다. 그대로 주저앉아 완전히 절망의 나락에 빠질 것 같았습니다.

바로 여기가 포인트입니다. 만약 여기서 나약한 태도를 갖는다면 재기는 불가능합니다. 도산한 사람들 대부분이 여기서 무너지고 맙니다.

그때 그를 잡아준 사람은 바로 그의 아내였습니다. 아내는 그에게 "지금 그렇게 좌절하면 끝장이니까 다시 시작하라"고 권유했습니다. 며칠 동안 술로만 시간을 보내던 그가 아내의 권유로 마침내 일자리를 찾아다니기 시작했습니다. 그러나 불황이 극심한데 일자리가 그를 기다리고 있었을까요? 그래도 그는 포기하지 않고 꾸준히 일자리를 구하러 다녔고, 결국 편의점의 지배인 자리를 구하게 되었습니다. 그리하여 그는 재기할 수 있었습니다.

도산 위기에 처하고 싶은 사람은 없지요. 그런데 도산은 경영자를 더욱 강하게 훈련시키는 좋은 기회가 될 수 있습니다.

중소·영세기업의 경영자는 현장에서 일하는 경우가 많아 경영에 전념하기가 어렵습니다. 즉, '숙달된 기능공'에 가까운 사람은 많으나, 수준 있는 경영 센스를 몸에 익힌 경영자는 거의 없을 것입니다. 하지만 도산의 위기를 경험하게 되면 예외 없이 멋진 경영자로 변신합니다.

요컨대 도산은 경영자의 위기관리 의식에 싹을 틔우는 것이라고 할 수 있습니다.

요즈음과 같은 불확실성 시대에는 눈앞의 위기, 또는 미래의 위기에 대한 대응 능력이 경영자의 필수 자질이라고 할 수 있습니다. 그러므로 경영자에게 도산 위기는 오히려 고마운 기회가 된다고 하면 지나친 역설이 될까요?

여하튼 사업 실패나 도산 위기 같은 경험을 어떻게 받아들이느냐에 따라서 좀 더 성장할 기회가 될 수도 있습니다.

인생의 절반쯤에 꼭 생각해볼 것들
김경식 지음 | 정가 13,000원

멋있는 인생을 위한 연습.
누구에게나 가끔 행운이 찾아옵니다. 바로 그때 그 행운을 잘 이용해
야 합니다. 멋있는 연습은 반복연습을 계속할 때 빛날 수 있습니다.

내 마음 들여다보기
김정한 지음 | 13,000원

끝까지 완주해야 아름다운 인생이 완성됩니다!
오늘 최선을 다한 결과는 미래 어느 날 찾아옵니다.
활짝 웃을 날을 맞이할 것입니다.

사랑하는 연인을 위한 잠언 참 좋은 그대에게
김옥림 지음 | 12,000원

사랑은 이 세상의 모든 것!
요즘의 사랑이 아무리 즉흥적이라고 해도
사랑은 아름답고 숭고해야 합니다.

내 마음의 쉼표
김옥림 지음 | 11,000원

지금 사랑하고 지금 행복하라!
사랑과 행복, 아름다운 내일, 감사와 소망,
삶의 진정성과 가치에 대한 성찰.

사랑하라 오늘이 마지막인 것처럼
김옥림 지음 | 11,000원

행복은 사랑으로 오는 내 인생의 파랑새.
인간이 만들어낸 말 중에서 가장 아름다운 말 사랑!
사람은 누구나 사랑을 하고, 그 사랑으로 행복하길 원합니다.

삶이 나에게 주는 행복여행
김태광 지음 | 11,000원

햇살같은 조언과 가슴 따뜻한 이야기가 담긴 행복여행.
사랑과 용서는 따로 떨어질 수 없습니다. 사랑은 너그러운
마음으로 용서해줄 때 더욱 커지고 아름다워집니다.

부자의 생각을 훔쳐라

나폴레온 힐 지음 | 전성일 옮김 | 정가 14,000원

당신의 삶의 주체는 다름 아닌 당신 자신이다.
당신이 타고 있는 배를 앞으로 나아가게 하는 키를 잡은 사람은
다른 누구도 아닌 당신 자신이라는 사실을 깨달아야 한다.

상위 1%만 알아왔던 비기 협상

박형근 지음 | 정가 13,000원

협상의 진정한 목표는 윈윈 win-win이다. 본서는 국제 간의
협상은 물론 비즈니스에서 발생되는 협상과 일상생활에서
실제 사용할 수 있는 협상의 테크닉에 대해서 설명했다.

CEO에게 길을 묻다

선준호 지음 | 정가 13,000원

글로벌 시대가 요구하는 뉴리더의 조건!
빠르게 변화하는 세상, 복잡 다양해지는 고객의 요구.
21세기 글로벌 시대에 맞는 리더십의 필요조건과 충분조건!

펀드투자 스텝스톤 13

실전투자전문가 김경식 글 | 정가 13,000원

초보 투자자들을 위한, 리스크 없이 푼돈으로 큰돈 버는
투자 선행학습의 필독서! 리스크를 줄이고 고수익을
창출하기 위해 투자 정보를 구하고 경제 동향을 살펴야 한다.

커뮤니케이션 불변의 법칙

강정원 지음 | 12,000원

상대의 마음을 움직이는 인간관계의 테크닉!
성공은 인간관계에 따라 좌우되고,
인간관계는 커뮤니케이션에 의해 결정된다.

성격을 바꾸면 성공이 보인다

전성일 지음 | 9,800원

성공을 가로막는 최대의 적은 바로 나 자신이다.
이 책은 우리의 삶에서 가장 큰 걸림돌이 무엇인지 깨닫게 해주어
우리를 성공의 길로 안내할 것이다.

위기에서 희망으로 건너가는
7개의 징검다리

초판 1쇄 인쇄 2012년 11월 10일
초판 1쇄 발행 2012년 11월 15일

지은이 선준호
펴낸이 임종관
펴낸곳 미래북
신고번호 제 302-2003-000326호
주소 서울특별시 용산구 효창동 5-421호
전화 02-738-1227
팩스 02-738-1228
이메일 miraebook@hotmail.com
ISBN 978-89-92289-48-1 (03320)
© MIRAEBOOK

• 잘못된 책은 본사나 서점에서 바꾸어드립니다.
• 본사의 허락 없이 임의로 내용의 일부를 인용하거나 전재, 복사하는 행위를 금합니다.
• 책값은 뒤표지에 있습니다.